むすんでひらいて

今、求められる仏教の智慧

玄侑宗久
聞き手／大竹稽

集英社

はじめに……

哲学がご専門という大竹稽さんとのメールのやりとりが始まってから、すでに四年ちかい。ということは、その間に我々は、新型コロナウイルス感染症によるパンデミックと、ロシアによるウクライナ侵攻、またパレスチナでの紛争をつぶさに体験した、ということだ。

コロナ禍で「死」が身近になり、戦争によってもその数は激増した。通常ならそんな状況では「生」も切実さを増すはずである。実際、東日本大震災のときは大量死を前にして痛切にそう感じた。しかし今のこの国では、若者の自殺が過去最多数を更新し、一方で無差別殺人や強盗事件なども多発している。切実どころか、「生」が軽視されているとしか思えない状況なのである。

「死」について対話をしたい、という哲学者からの問いかけに答えることは、私のなかで未整理だった仏教思想を総点検する作業にもなった。しかも不定期なメールによるやりとりだから、私の場合はその途中に多くの檀家(だんか)さんの死が侵入してくる。故人の生前の話を伺い、戒名をつけて儀式を執行する立場としては、死は常に見知った個人の具体的な事態だ。そして何より優先すべき予定外の事柄だから「侵入」と呼んだのだが、時にはそんな具体的な話も交えながら、感染症や戦争の影響も当然受けつつ、話は現代社会における「死」の周囲を「徘徊」するように進んだ。

本文をご一読いただければわかると思うが、この対話は出口を決めて始められたわけではない。折に触れて関連のあるテーマに出入りし、また渾沌たる生に戻ってくる、そのような対話であれば、やはり「徘徊」と呼ぶべきだろう。「死」を巡る対話には、「徘徊」こそが相応しい方法ではなかっただろうか。

本にまとめてくださった集英社の佐藤絵利さんには大変ご迷惑をおかけしたが、この本に総合性だけでなく、ある種のまとまった主張も感じられるとしたら、それは彼女のお手柄、見事な大鉈振るいのおかげであることをまず申し上げ、感謝したい。

「からだ」は語りやすくとも「いのち」は語りにくいように、「死」についての対話も当然「生」についての探求、ということになる。私は当初、覇権思想の強い今こそ「華厳」の思想をご紹介したいと考えていたが、話はどんどん深まりつつ広がり、「空」や「般若」、「戒律」や「唯識」など、仏教の嶺を心細く歩くような事態になっていった。禅と西洋哲学では話が収まらず、「気」や「風水」、「渾沌」、そしてついには「菩薩道」にまで話は及んだ。

徘徊の行方は、結局は大竹さんが胸の内に秘めていた思いに導かれた、と言ってもいいだろう。我々が問題にする「死」の背後には、必ずや特定の個人の死がある。しかもそれが自死である場合、その人の人生に与える衝撃と変化は計り知れない。

子どもや若者が数多く自殺する国、とはいったいどんな国なのか……。そのことがいつしか私のなかで大きな問題になっていった。

そして一つ感じたのは、若者に限らず現代社会に生きる人々は、問題には必ず答えがあると思い込んではいないか、どんな問題もすぐにすっきりわかるものと思ってはいないか、ということだった。PCやスマホでの検索が当たり前になったせいもあるかもしれない。シミュレーション（合理的推論）が当然とされるせいもあるだろう。

「合理的推論」、それは本書のキーワードの一つだが、死にゆく若者たちが夢をもてず、「これ以上よくはならない」と合理的に推論したことは間違いないだろう。

最終的に導かれたのは、『むすんでひらいて』という懐かしい唱歌の世界だった。仏教でも禅でもないその内容に、いったいどんな思いが込められているのか、それは本書を読む楽しみとして語らないでおくが、この歌が戦後復興の時期に小学校唱歌として採用された意義は途轍（とてつ）もなく大きいと思う。

これほど時間のかかった本も珍しいが、最終章に至っても私の脳裡（のうり）にはなおピリオドが打たれず、湧きでる思いがあった。それはドイツの哲学者・社会学者、ユルゲン・ハーバーマスが危険な「目的合理性」に代えて推奨する「コミュニケイション合理性」についてである。今回は紙幅もなくなり、それには触れずに『むすんでひらいて』に飛躍したが、もっと合理的に理解したいという方には大著『コミュニケイション的行為の理論』（上中下巻・未来社）をお薦めしておく。「目的合理性」を脱するのにも「合理性」を求めるのは、現代人の深い病だとは思うのだが……。

　ともあれこの本が、積年むすんできた思いや苦悩を少しでもひらく契機になれば、この上なく嬉しい。また仏教の魅力は私などの理解を遥かに超えるものであることも、併せて申し添えておきたい。最後にこの四年ちかく、リモートによる対話を対話ならしめ、辛抱強く聞きつづけてくださった大竹さんと伴走の佐藤さんに、あらためて感謝申し上げる。

令和六年　一月

玄侑宗久　謹誌

目次

第二章　昔の日本人は「死」をどのように捉えてきたのか

第三章　「いのち」の存在は、不滅なのか

第四章　人間の生死の営みには「物語」が必要である

第五章　魂と魂を繋ぐ「縁起」の世界

第六章　人間の本性は善なのか？　悪なのか？

第七章　東洋の「気」と西洋哲学の関係を考える

第八章　生命力を産みだす「渾沌」とは何か

第九章　全ては変化しつづける「唯識」のなかで生命を考える

最終章　むすんでひらいて　無限の可能性を信じて生きる

第一章

死が日常化した今、あらためて死について考える

コロナ禍とウクライナ戦争……、「死」が日常化した現在、あらためて「死」について考える

大竹 稽さん（以下、敬称略。大竹と略す） 世界的に広がり今では日常化したコロナ禍、ロシアによるウクライナ侵攻、そして二〇二三年秋のパレスチナ・イスラエル戦争……。

この四年間に「死」は日常化し、ライブ化されました。常に「死」が、私たちの身近に存在するような時代になったのです。

そして今、世界的に流行したコロナ禍は、終息したわけではなく、日常的に向き合う病気となりました。ウクライナ侵攻も、変化の兆しはあっても、世界中を武力対立の構造に巻き込んでいる状況は変わりません。ウクライナの人々にとって、平和な日常が壊され、身近な人々が死んでしまった……、もしくは死に直面しているような状況は、とても辛く悲しく、耐え難いものでしょう。

ウクライナ戦争では、荒れ果てた街の状況や亡くなった方々、その多くの家族が嘆き哀しむ状況がテレビやSNSで発信され、これが現実に今、起こっていることなのか？ と衝撃をもって迎えられました。そして日々、それらを見聞きする世界の人々にも恐れや怒り、深

い哀しみが満ちています。パンデミックにせよ、戦争にせよ、世界が密に繋がっているこの時代に、日々、多くの誰かの「死」が日常化されて共有されることは、理屈を超えた衝撃でした。

ある意味で、「一寸先は闇」という世の中に変わった現代社会において、あらためて「死」そのものを考察することは、「より良く生きる」ために大切なことではないでしょうか？

玄侑宗久先生（以下、敬称略。玄侑と略す）　そもそも大竹さんは、どういうきっかけで哲学を学び、「死」について考察するようになったのでしょうか？

大竹　私が二十代で東大の医学部の学生だった頃、研修で小児科に行き、不治の病と言われた病気と闘う子どもたちに出会いました。現代の医学では完治できないと言われる難病にも日々、向き合い、痛みや苦しさに耐えて闘っている姿には、感銘を受ける一方で、言いようもない哀しみや切なさを感じました。そして余命を宣告されながらも一日でも長く懸命に生きようとする彼らが、辛い闘病の末に亡くなることも少なくなく、私にとってはまさに「死に触れる」体験でした。そんな彼らを通して「生きることの意味」を深く考えさせられました。これが、哲学を学ぶきっかけになりました。

しかし二十代の頃の私は、こうした患者さんに向き合う覚悟がまだまだ足りなくて、どうしても医者になりたい、という強い意志にも欠けていたのでしょう。その後に、さまざまな個人的な事件（大事な教え子の自死など……）や自分自身の心の葛藤もあって、最終的には医学部を中退しました。

その後は、予備校で子どもたちに勉強を教えながら、大学院で西洋哲学を学び直し、やがて自分が学んだことや考えたことを発信するようになりました。現在は、どうしたらわかりやすく哲学や宗教を理解してもらえるかを考えながら、本を執筆したり、「対話の会」などを主宰しています。

これから始まる和尚さまとのメール対話を通して、私自身もあらためて「死の意味」を考え、学び直したいと思っています。どうぞ宜しくお願い致します。

玄侑　対話を始めるとてもよいキッカケをいただき、ありがとうございました。
医学から文学に進んだのが魯迅（ろじん）ですが、医学から宗教に進んだ人も相当います。私が修行していた京都・天龍寺の関牧翁（せきぼくおう）老師もそうですし、同じ道場の先輩である対本宗訓（つしもとそうくん）老師は宗教者でありながら医師にもなり、「僧医」を自任されています。こうした「越境」が起こるのは、医学も哲学も、いずれも生と死を巡る重要なアプローチだからでしょうね。「死に触れる」という言葉が出てきましたが、医学や哲学、更には宗教も総動員しながら、「死を巡る思索」を深めていければと思います。こちらこそ宜しくお願いします。

「わがこと」の死と、他者の死の違い

大竹　四年目を迎え、日本では収束に向かい、インフルエンザと同じ日常の病気とみなされるようになった新型コロナウイルス。今、考えると、二〇二〇年から二〇二二年の時期の「国民総恐怖の状態」は何だったのか？　という感じも致しますが、二〇二一年には突然オミクロンなどの変異株も現れ、一度は撲滅されたと思われた上海（シャンハイ）や北京で再びコロナが蔓延（まんえん）してロックダウンが行なわれたり、このパンデミックとの戦いでは、いつ終わるのかわからないような焦燥感に襲われました。世界中の死者はすでに六百八十五万人を超え（ＣｏｌｏｎａＢｏａｒｄ新型コロナ（ＣＯＶＩＤ―19）リアルタイム情報／二〇二三年三月九日更新）、日本でも七万四千六百九十四人（二〇二三年七月一日時点）もの数になっています。身近に亡くなった方を抱える方も多いと思います。日本人が、このように「死」を日常的に捉えることは、第二次世界大戦後にあったでしょうか？

玄侑　コロナ以前、最も直近に日本人に「死」をつきつけた災害、……それは私もごく身近に体験した東日本大震災だと思いますが……、あのときの状況と今回のパンデミックとは、かなり違うような気がします。あの震災では、関係者以外は津波の映像を視(み)てもなかなか大量死を実感できず、なかには映像に釣り合う死の悲しみが実感できないため、倫理的な苦しみで身心不調を起こす人々もいました。日本の報道では、遺体や泣き顔を映さないという自主規制がはたらいていましたから、その影響も大きいのでしょうね。ところが今回は、誰もが「いつ自分に降りかかってもおかしくない」ものとして、死や感染そのものまで怖(おそ)れていました。いわば死が、私のすぐ傍(そば)にあるものとして意識されていたのだと思います。

やはり死についての思索は、「わがこと」にならないと切実なものにならない気がするのですが、その辺についてはどう思われますか。

大竹　死を「わがことに」ですか。和尚さま、剛速球の直球ですね。うまく受け止められるとよいのですが……。

紀元前ローマ時代の哲学者キケロは、「哲学することは死に方を学ぶことだ」などという言葉を残しましたが、自分自身の死を考えるということは究極的な問いだと思います。

今回のコロナ禍では、米国大統領や英国首相をはじめ、多くの有名人も感染しました。誰か知らない人がどこかで死んでいる、というものではなく、富や権威によって守られていそうな人のガードすら無力であることがわかりました。予防のためのワクチンも完全に有効とは言えない。特に初期の頃は「私もコロナに感染してしまうかもしれない。感染したら死んでしまうかもしれない」という怖れを、みなが共有しました。

それでもやはり、「私の死」は学べないように思います。

何万という死の実例を知識として蓄えたところで、自分が死ぬときどうなるかは、まったくわからない。コロナ禍のおかげで、以前よりもずっと死を身近に感じることができるようになりましたが、それでもその死は結局「私ではない誰かの死」であり、自分自身の死を実感・体感することにはならないのです。ですから　現状、「私の死は学べない」が正直な私の思いです。

しかし現在は、和尚さまがおっしゃるように「死を身近に切実に考えるべき時代」になりました。そんな世の中における「死の意味」を考えてみたいと思います。

玄侑　剛速球の直球、と言いながら、うまくファールでスタンド入りさせましたね。「私の死は学べない」というのは、それは正論だと思いますよ。人はただ、死への恐怖や不安か

ら、死の周辺のことを学ぶに過ぎないのだと思います。しかしそれが宗教や哲学の発生を促したことも確かではないでしょうか。

若くして亡くなった哲学者の池田晶子(あきこ)さんは「生死は言葉である。言葉がなければ生死は存在しない」と言い切っています。「死と死体は違う。死体は存在していても、死体から死は取り出せない。停止した心臓、呼吸しない肺はあっても、やがて骨になって行く過程はあっても、死そのものは死体の中から取り出せない」とも書いています(『死とは何か さて死んだのは誰なのか』池田晶子著、毎日新聞社)。それは間違いないことですし、「私」にとって「いかに死ぬか」は「いかに生きるか」と同義と思えばいい。「私の死はわからない」というのが正鵠(せいこく)を射た表現でしょう。

本当は、「わからないまま進みましょう」と、私は言いたい。人生最後の言葉も「なりゆき」に任せたい。しかし、それでいいならこの本は要らなくなるんでしょうね(笑)。

カミュの『ペスト』で学んだ、死と共感

大竹　私にとって「切実な死」の意味を教えてくれるのが、**アルベール・カミュの『ペスト』**に出てくるタルーという人物です。パンデミックが起きた街での状況や人々の生き方を

テーマにした作品ですが、実際に起こった事件をモデルに書かれたとも言われており、コロナ禍の状況下では『ペスト』がずいぶん読まれたそうですね。この小説は、主人公の医師リウーとその盟友タルーの二人を軸に話が進んでいくのですが、ペストで侵された街の封鎖が解かれる直前で、タルーが最後の犠牲者になってしまいます。自ら志願し、ペストと戦いつづけた男が、最後の最後になぜ？　しかしタルーは「今こそすべてはよい」（『ペスト』光文社古典新訳文庫、中条省平訳）と言って、静かに死んでいきます。これはどんな心境なのだろうか？　この言葉は何を語っているのだろう？　タルーの最後の言葉が、私の思索を深めてくれます。もしかしたら、死の切実さとは、人生の最後にどんな言葉を残すか、にも現れてくると思うのですが……、いかがでしょうか。

玄侑　カミュの『ペスト』は私も読みましたが、たしかにタルーの死はひときわ印象的でした。彼が発病したことを知ったリウーは、本来は友を隔離すべきですが、自分の家で治療することを決意しますね。これもリウーがお医者さんだから可能だったわけですが、リウーの母家には母親が同居しています。寡黙で慎ましい母親に、息子の友人であるタルーは自分の母親の面影も感じていたのでしょう。タルーは自分の手帳に夫人の顔を写生してもいました。病床のタルーは、夫人がずっと自分を見つめていることに気づきます。そして夫人は彼のほ

うに身を屈め、枕を直し、そして濡れてもつれたタルーの髪にしばらく手を当てます。そのとき、遠くからのような微かな声で、タルーが呟いたわけですね。「ありがとう、今こそすべてはよい」と。

私はこの言葉に、前段での会話に出てくる「**共感**」という言葉を思い浮かべました。原文の「sympathie（サンパティ）」の「pathie」は、ギリシャ語の「pathos（パトス）」が語源で、「苦しみを感じる」ことです。ですから「sympathie」は「共に苦しみを感じる」ことですね。死にゆく自分の苦しみを共に感じてくれる人が傍にいる。そのことでタルーは、ペストの犠牲者になりながら、神なき世界で自分が人間としての人生をなんとか全うできると思えたのではないでしょうか。

カミュはタルーに、「あらゆる場合に犠牲者の側に立つ」と言わせていますよね。戦争であれ天災であれ、「世界に殺す者と殺される者がいたとするなら、絶対に自分は殺される側に立ちたい」ということでしょう。カミュは歴史が殺人によって作られていくことを諦念のように確信しています。ここでは犠牲者としての人生も、人生観次第では全面的に肯定されると言いたかったのではないでしょうか。ペストによって封鎖された非常事態の街ではありましたが、彼はそこで自分の望む人生を「生ききった」のです。カミュはそのような特殊な状況下での幸福な死を描きたかったのだと思います。

大竹　他者の理解・共感こそが、その人の人生に意味を与え、満足感や幸福感を与える……、和尚さまの深い考察に感じ入りました。

今回のコロナ禍やウクライナ戦争でも明らかになりましたが……、人はひとりで生きているのではなく、誰かと支えあって生きている、このことを実感させられる場面が増えてきました。

宗教に救われなくても、身近な人間の「共感」や「愛情」が、死に直面した方に大きな救いをもたらすのですね。

肉体的な限界によって生を諦め、死を覚悟したとき、静かな心で満足感をもって死を迎えられるかどうかは、人間にとって、とても大切なことだと思います。

第二章

昔の日本人は「死」をどのように捉えてきたのか

死者は物の怪となり、凶事をもたらすと怖れられた平安時代

大竹　死が身近になった現代だと、第一章で取り上げましたが、正直に言うと……、「自分の死」というものは、なかなか実感ができないものです。生きているのだから仕方ないのでしょうが……（笑）。だからこそ、なおさら死の本質に迫りたいと強く思ってしまうのは、天邪鬼（あまのじゃく）でしょうか……。

玄侑　どうしても「自分の死」について解き明かしたい……。なんだかお釈迦さま（ブッダ）を憶（おも）いだしますね。じつはお釈迦さまには前世譚とも言うべき物語（ジャータカ）がたくさんあるのですが、その一つに雪山（せっせん）童子の話があります。雪山つまりヒマラヤ山中で命がけの修行していた童子が、あるとき妙な歌を聞きます。漢訳の『涅槃経（ねはんぎょう）』によれば、それは「諸行は無常なり。是（こ）れ生滅（しょうめつ）の法なり」という意味合いでした。

　つまりあらゆるものは常なく移り変わる、それが命あるものの定めである、と。それを聞いた雪山童子は「死」についての歌だと直観し、続きを聞かせてほしいと、歌っていた羅刹（らせつ）にせがみます。羅刹というのは、足が速くて人間を食べると言われる悪鬼ですから、当然の

ように答えます。歌ってやってもいいけど、そうしたらお前を食べてもいいか、と。よくこの部分は「夜叉説半偈」と言われるんですが、『涅槃経』の原文では夜叉じゃなくて羅刹なんですね。いずれにせよ人間を食べる怪物です。

「教えたら食べさせろ」って、普通はそんな要求など呑めないと思うのですが、雪山童子は違いました。「死」についてわかるなら、死んでもいいと思ったのです。まるで今の大竹さんのような意気込みですよね（笑）。

そして聞きだした歌の後半が、「生滅滅し已って　寂滅を楽と為す」だったわけです。この歌の意味は、すべてが無常に変化する世の中にあって、人は死によって新たに変化のない楽しい世界に入る、ということですね。平安時代の日本では、革命的な死の解釈だったと思います。

大竹　死について知ることができるなら、たとえ死んでも満足であると……？（苦笑）。

玄侑　はい。この歌は、やがて日本の「**いろは歌**」になります。

同じ音を二度使わず、「ん」だけ抜いた四十七音で作られた神業のような歌、ご存じですよね。

色は匂へと散りぬるを　わか世誰そ常ならむ
有為の奥山けふ越えて　浅き夢見し酔ひもせす

歌の解釈はのちほどしたいと思いますが、これが日本人の「死」についての根底にある見方だと思うんです。

この歌は、当時流行していた「今様」というスタイルですが、おそらく十世紀末か十一世紀初めくらいに訳されたものだと思います。いわば『源氏物語』の時代ですね。当時は死者、特に怨みを抱いて死んだ人は「物の怪」になり、世の中に凶事を起こすと信じられていた時代です。それを怖れて祀るのが御霊信仰と言われますが、とにかく世の中に凶事が多く、また疫病も流行していました。天然痘や「わらは病み」つまりマラリアが多かった。貞観五（八六三）年に初めて朝廷によって行なわれた御霊会はその後も祇園御霊会として毎年開催されていました。それが今の祇園祭の原型ですが、疫病の神やそれによる死者たちを宥め鎮める行事だったわけです。

そんな時代に、とても冷静で美しい「いろは歌」が現れた意義は大きいと思うのですが、そのあたりから始めてもいいでしょうか？

いわば「死」を不吉なものと見ない見方の始まりだと思うのですが……。

怨霊信仰となった〝無念の死〟

大竹　「恨みを持って死んだ人は怨霊となる」という当時の人々の信仰は、当然「死は不吉なものである」と捉えていたからでしょう。それを変えたのが「いろは歌」というのはとても興味深いです。まずは、怨霊について少しお話をしてみたいです。

怨みをもって亡くなり、世に災厄をもたらした存在として私が思い出すのは、日本の「三大怨霊」の一人とも言われる崇徳上皇です。彼のことは上田秋成の『雨月物語』にも書かれました。怨霊になった崇徳上皇が西行の前に現れるその禍々しさといったら……。初めて読んだのは高校生のときでしたが、菅原道真や平将門のそれと比べて、なにやらこう、怨みのレベルの違いを感じてしまいました。

崇徳上皇は、人品気高く、そして、天子としての理念もまた崇高であったと紹介される人物です。上皇を怨霊に仕立ててしまったのは、上皇自身ではなく、周りの人物たちの嫉妬や猜疑心、功名心だったと思います。

そしてまた、天災を怨霊と結びつけたのも、上皇ではなく、他の人物たちではないでしょうか？　平将門も、菅原道真も、生前の功績、理念、人品は、怨霊には程遠い、理想的なものだったと思うのです。「誰のせいで怨みをもってしまったんだ？」と言いたいところですが、まったくもって理不尽と言いますか……。こうして、死というものの不吉なイメージがどんどん膨らんでいき、触れてはならないものであると刷り込まれてしまっているように思います。

玄侑　怨霊発生の仕組みについては、おっしゃるとおりだと思います。要は、その人の人柄や人生に見合った穏やかな死であれば、なにも問題はない。しかしあんなに素晴らしい人だったのに、どうしてこれほど不遇な晩年を送り、非業の死を遂げたのか、となりますと、納得できない人々の意識や無意識が集合して「怨霊」を生みだします。本人の怨みとは限らない、ということですね。じつは東日本大震災のあとも、東北各地で「幽霊」目撃譚がたくさん語られました。あれも一種の非業の死だったからでしょうね。

逆の場合もあります。つまり、この御霊信仰のあとに、日本では浄土思想が広まるわけですが、魁（さきがけ）になった恵信僧都（えしんそうず）源信の『往生要集』などでは、極楽と共にむしろ地獄が熱心に語られます。これは、あんなに極悪で非道な人なのに此（こ）の世で地位や権力も恣（ほしいまま）にして幸せそうに暮らしている。それは許せないし、きっといつか酷（ひど）い目に遭うはずだ、いや、遭ってほしい。人々のそういう意識や無意識が、地獄を作りだすのだと思います。
　怨霊とか地獄や極楽と聞けば、非合理なものと思う方も多いと思いますが、むしろこれは人間の合理性が作りだしたわけです。死は、その人の人生や行動に釣り合うものであってほしい。しかしあまりにも釣り合わないと思えるときは、死後世界も含めて帳尻を合わせるしかない、ということになるのでしょうね。

大竹　地獄極楽はともかく、怨霊になってしまうのはなんて筋道が通らない、と思っていたのですが、目から鱗(うろこ)です。人の心に注目すれば、釣り合いという意味では筋が通っていたのですね。怨霊化という理不尽な修正を経て、死を納得して受け入れていくのでしょうか。

死者の「無念」や「心残り」と、どう折り合っていくのか？

玄侑　じつは先日、檀家さんの水引職人さんのお通夜がありました。会場には鶴亀など、目出度(めでた)い作品がたくさん飾られていました。柩(ひつぎ)の中も水引だらけです。その方は心筋梗塞で、夕食も普通に食べ、就寝後の夜中に苦しみだしたわけです。家族にすればその苦しむ様子を見ていますから、死後にもなかなか目出度いイメージは持てないでしょう。

しかし江戸時代に三春藩の殿様から名字（姓）に「賀」の字を賜った家の嫡流ですから、私はなんとか目出度いイメージを持ち直してほしかった。年齢も八十五歳でしたし、大勢の方が望む「ポックリ」というのは、殆んどの場合、今回の原因になった心筋梗塞です。長患いも介護も不要だったという意味では望ましい死でもあるんです。そこで私はお通夜のとき、柩の蓋に筆文字でこんな句を書きました。「あれよとて　散るぞ目出度き　桜かな」。家族が亡くなってすぐに「目出度い」と思うのはまず無理ですが、時が経ってからそんなイメージを持ち直してほしいという、私の切なる願いですね。じつを申しますと、翌日の葬儀での一喝の前には「高砂や」を唱えました。亡くなったご本人が何度も結婚式に招かれ、祝謡として謡った旅立ちの歌です。

お通夜や葬儀には、そういうふうに故人や家族の思いを慰撫し、心残りを流し去る効果もあると、私は信じています。特に「無念」は放置できませんね。平安時代のように、疫病も含めたあらゆる天災がそのせいとは考えないでしょうが、「無念」は今でも思いがけない不調を人の心に及ぼすものだと思います。

大竹　「無念」という言葉をいただきまして思い出しました。私が塾の教え子の高校生たちから集めた「死の不吉さ」についての声を伝えさせてください。

彼らは、「すべきこと、やりたいことができないまま死ぬのはいやだ」とよく言います。この点は、小・中学生が持つ死のイメージとは違ってくるところだと思います。おそらく、自己とか、人生というものを考えるようになり、自分の夢がより具体化明確化されているからなのでしょう。

我が身に置き換えても、まず、自分が授かったミッションを中途半端に終わらせたくないですし、なにより、幼い娘を残して死ぬなどということは、考えただけで身の毛がよだち、想像すらしたくありません。

多くの人にとって、「死」には、実際、「無念」や「心残り」があります。このような「無念」は、どのように消化し、対処すればよいのでしょうか？　死者の無念もあるでしょうが、生者が忌避できる無念もあると思うのです。

玄侑　生者は欲望の塊みたいなものですから、その無念もキリがないと思いますが、死者の無念は身体現象として現れると思いますよ。単純なことで申しますと、手をきつく握って亡くなっている場合は、「心残り」や「無念」があったのだろうと想像します。多くの方は手指も脱力していますから、死後に胸元で手を組むのもわりとラクなんですが、なかには亡くなる時点できつく両手を握っていて、ほどけない場合もあるんです。

死後のビジョンが生者に救いをもたらす

玄侑　そこにはたぶん、死や死後へのビジョンも関係していると思いますね。たとえば阿弥陀さまに抱き取られるとか、神さまの許(もと)に行くんだと思えれば、安心してこちらでの生を閉じられるんじゃないでしょうか。宗教が与えてくれる死後世界のビジョンは、臨終の安心に大きく寄与していると思いますね。ただカミュのように、神さまや宗教に頼らず、独自の人生観を全うする、という死に方は、小説のなかでとはいえ、とても強く気高いものだと思います。宗教が提供するものは、大勢の人々が共通に信じているビジョンですから、いわば皆が乗り込んでいる舟に乗り込むようなものです。

一方、宗教ぬきでの道行きは、孤独な旅です。禅は宗教のようでいながら死後のビジョンは与えてくれず、「わからない」まま進むしかないんですが、その意味では孤独を愉(たの)しめる境涯が求められているのかもしれませんね。

大竹　わからないまま進むというのは、誠実な姿勢だと思います。キェルケゴールやパスカルらの哲学者が示しているように、どれほど信仰に篤(あつ)くても、むしろ、篤ければ篤いほど、神との関係は孤独になっていく。
　でもこの境地に達するには、老いも若きもみな同じように……というわけにはいかないように思います。あらゆる宗教が示す死後のビジョンへの信仰には、ほどほどに人生を進み、ほどほどに諦めているから、そのようなビジョンに飛び込める、と思いますが、いかがでしょう。さらにこの点では、時代の空気も影響するように思います。

玄侑　キェルケゴールには私も大学時代に嵌(は)まったことがあります。彼は盲目的な神への信仰を最初は否定しましたが、ヘーゲルの弁証法的全体性に反発し、結局は神との関係のなかに自己を位置づける「宗教的実存」に辿(たど)り着きますよね。ちなみに、その神も認めなかったのがニーチェでしょう。当時の私はキェルケゴールの『死に至る病』の第二部「絶望とは罪である」などという言葉にも酔いしれたものです。

　さて、宗教の示す死後のビジョンについてですが、ほどほどに人生を送ったあとでないと納得できないのではないか、というご意見に聞こえました。大竹さんも「時代の空気」と言及されていますが、それがとても大きいと思います。
　たとえば江戸時代は、麻疹で膨大な数の子どもたちが死んでいきました。一九五四年に麻疹のウイルスが発見され、六〇年代からはワクチンが実用化されましたから、今では予防できる病気になりましたが、昔は誰でも一度は罹るしかない病気だったわけです。酒井シヅ先生の『病が語る日本史』（講談社学術文庫）によれば、江戸時代二百六十年間に麻疹の大流行は十三回ありました。およそ二十年に一度ですね。なかでも文久二（一八六二）年の大流行は凄まじかった。その年に江戸のお寺が報告した麻疹による死者の数は、約二十四万人です。江戸だけで、ですよ。当時の江戸の人口は約百万人ですから四分の一が亡くなったということです。

その四年前の安政五（一八五八）年にはコレラが大流行していますが、両方罹った人もいたようなんです。むろん、そのほかに毎年のように疱瘡（天然痘）で多くの子どもたちが死んでいきました。全国的な統計はないようですが、子どもたちの五人に一人が亡くなったという地域もあったようで、それを生き延びないと名前を付けないという地域もありました。

この状況を想像していただくと、**死は老若にかかわらず突然訪れるという認識**が、今より遥かに高かったことが理解できると思います。今の日本は、乳幼児の死亡率が世界一低いのですが、たとえば徳川家第八代将軍吉宗の頃（一七一六〜四五年）など、人口統計に七歳未満の子どもは数えていないんですね。子どもは神の子だから人の数に入れない、などとも言いますが、要はいつ死ぬかわからない存在だったわけです。

大竹　ああ、じつに痛ましいことです。子どもたちが流行り病で死んでいく……。もし我が子だったら……なんて思うと、鳥肌が立ちます。天然痘や麻疹やコレラに罹らなくなったのは、たしかにありがたいことですよね。往事からすると、現代は天国のようなものでしょう。しかし、その代わりになくしたものもあるようです。
実感としての死がどんどん遠ざかり、たとえば「必死」という言葉も、死の実感が希薄になった今は、かえって新たな迷いにつながるように思います。

「いろは歌」に秘められた日本人の死生観

大竹　先ほど、和尚さまが「いろは歌」について、「冷静で美しい」と形容されていました。そのお言葉には、「真理らしい凜(りん)とした佇(たたず)まい」があるように思います。

玄侑　なるほど、真理かどうかは佇まいで決まる、ですか。素敵な表現ですね。
それではこのあたりで「いろは歌」の解釈をしておきましょう。日本人の死生観のベースにあると思える考え方です。

まず前半の「色は匂へど散りぬるを　我が世誰ぞ常ならむ」ですが、羅刹の歌の前半「諸行無常　是生滅法」がじつに素直に美しく訳されています。これは他者が見た、身近な人の死についての思いですね。色が匂う、という言い方には、現代人は首を傾げるかもしれませんが、平安時代の「匂ふ」は視覚的な鮮やかさを言います。『源氏物語』の「匂宮」と「薫の君」の違いにも表れていますよね。

「あんなに色鮮やかに咲いていた花も散ってしまった。世の全ては無常、それがこの世の定めなのだ」ということでしょう。

「色は匂へど散る」という表現には、はっきり夭折、つまり若死にが意識されていると思います。花でも椿やノウゼンカズラのように、花じたいの寿命はまだあるのに散る花があります。水盤に浮かべて鑑賞したりもしますが、人も老いて死ぬとは限らない。というより、頓死とも思える突然の死が当時はあまりに多かったのでしょう。仏教では「老少不定」と言いますが、年齢によらず人は誰でも死に隣接して生きているということです。

原文の「是生滅法」は「是れ生滅の法なり」と訓みますが、これ（諸行無常）こそが命あるものの定め、ということです。ここで生滅という言葉に注目してほしいのですが、生きているということは、生滅を繰り返すことだと認識されています。

現代医学は、たとえば白血球の寿命が二十四時間程度しかないことを知っています。昨日と同じ白血球の細胞が明日も生きていることはないのです。他の細胞も、一説では「一呼吸の間」に約千個生まれ、同じく千個の細胞が死んでいくとも言われていますが、次々に生まれては滅しながらそれぞれの寿命を終え、全体としては奇跡的な恒常性（ホメポパシー）を保っています。まさに『方丈記』の冒頭、「行く川の流れは絶えずして、しかも元の水にあらず」。あるいは福岡伸一先生の「動的平衡」ですね。

後付けと思われるかもしれませんが、**仏教は、瞬間瞬間の生滅変化の連続こそ「生」なのだと、はっきり認識していた**と思います。**無常に生滅変化するのが「生」であり、「生滅」による変化そのものが滅してしまうのが「死」**なのです。

ですから、継続的な「自己」というものは一種の思い込み、錯覚にすぎません。先ほど大竹さんはミッションとおっしゃいましたが、人はそういう意識を持ちながら生きる存在かもしれませんが、その延長上に死を迎えられるとすれば、それは希有なことです。

『源氏物語』の主人公である光源氏は、「おこり」、つまりマラリアで死んだと推測されます。よほどの長寿でもないかぎり、死は常に人生の途絶です。その悔しさや悲しさ、そして諦念がこの歌の前半の意味合いなのだと思います。

少し長くなりますが、後半の「生滅滅已（めつい）　寂滅為楽（いらく）」についても述べてしまいます。これは「生滅滅し已って　寂滅を楽と為す」と訓みますが、前半が死についての他者からの見方であったのに対し、後半は死にゆく本人の感慨です。視点が反転しているんです。生滅変化そのものが滅し已わり、今後は変化がないことを楽しみにしていく、というわけですが、その主体は死にゆく本人なのです。

　これが「有為の奥山けふ越えて　浅き夢見じ酔ひもせず」と訳されたわけですが、すぐにはピンと来ないと思います。背景には老荘思想があります。有為を越えた世界、つまり、**「無為自然」**こそが理想の境地、という考え方です。「無為」というのは『老子』や『荘子』のキーワードですが、いわば我々の思惑を一切交えない世界です。荘子はそれを「渾沌」とも表現します。仏典が翻訳された初期には「bodhi：悟り」の訳として「無為」が用いられたこともあります。

　人は誰でも、先ほどのミッションのような有為なる目標を掲げ、山に登るような進歩思想で生きていきます。昨日より今日、今日よりも明日のほうが少しでも高くへ、というわけです。ところが意識が薄れていくにしたがい、目指していた「有為の奥山」の天辺（てっぺん）を越えてしまう。つまり、「無為自然」の世界に踏み入れてしまうわけです。そしてそこから眺めてみれば、これまでミッションなどと思っていたことも「浅い夢」のように思えるし、「酔っていた」とさえ感じる。つまり、これまでとは別な価値観に目覚めたということですね。だからこれからは「浅い夢なんか見ません、酔っ払いもしません」と、本人が宣言するスタイルになっています。「浅き夢見じ酔ひもせず」ですからね。

人生全体が「夢」として思い返されるということは、**死が「目覚め」かもしれないという認識**です。この考え方の原型は『荘子』の「胡蝶(こちょう)の夢」にあります。

荘子は「老いは楽しみ」だし「死は休息」だとも述べていますが、**生まれることも死ぬことも受容すべき一連なりの変化**と捉えています。終わりのない変化をインドの人々は**「輪(りん)廻(ね)」**と捉え、お釈迦さまも抜け出すべき苦しみと考えたようですが、荘子は違うんです。どう転んでも、それは新たな目覚めだし、楽しむべき展開なのです。

この時代に即して考えれば、生きることを勝負に準(なぞら)え、死を「負け」と考える人々に大いなる慰めを与えた歌だったと思います。やがて時代は鎌倉時代に移り、勝負が避けられない世の中になっていきますが、平安後期にはまだ道教的な考え方が強かった。それが幸いしてこのような「無為」や「渾沌」へ向かう歌ができたのだと思います。「無為」も「渾沌」も命の源ですから、我々は死んで命の源に還(かえ)る、と考えています。これなら怨霊も無念も凝固しにくいと思うのですが、いかがでしょうか。

大竹　なるほど！

「いろは歌」が「無為」や「渾沌」へ向かう歌というお話には、深く納得し、思い出すことがありました。
「無為」や「渾沌」という言葉は、西洋哲学での中心的なテーマである「存在」に関する考察と深い関係があるように思います。

玄侑 それではその「存在」について伺いましょう。

第三章

「いのち」の存在は、不滅なのか

生命の根本である「存在」とは、どういうものなのか？

大竹　「存在」とは何だろう、とずっと心のなかで、もやもやしていました。生命あるものの「存在」は死によって消滅するのか？　という疑問です。

しかし、「存在」が「生成変化する」のであれば、消滅はなさそうです。「存在」とは、その在り方が変化していくことだと受け入れられれば「存在」は続き、ある固定した「存在」にこだわると終わりがあるのではないでしょうか。私たちが現実に見聞きしている「存在」は、「生成変化」の一コマにすぎないのかもしれません。

玄侑　「存在」については、現代物理学の歩みが参考になるかと思います。

哲学者の前で恐縮ですが、ギリシャ哲学の「アルケー」という概念はご存じですよね。普通「万物の根源」などと訳されますが、これについてたとえばターレスは「水」だと言いました。他にも「火」とか「数字」などが提案されましたが、これに対してヘラクレイトスは「万物は流転する（パンタ・レイ）」と言いましたよね。つまり変化することじたいが万物の根源だというのです。

ところがアルケーを追求した哲学者の最後に登場したデモクリトスは、万物の根源は「それ以上分割できない最小の粒子（アトム＝原子）」だと考えました。

そして近代物理学はこの流れを受け継ぎ、原子を構成する更に小さな要素としていわゆる「素粒子」を発見し、その種類はどんどん増えていきました。こうした流れのなかにアインシュタイン博士も位置づけることができるわけですが、最小単位は果たして粒子なのか、という意味で疑義を呈したのがコペンハーゲンの理論物理学者ニールス・ボーアでした。彼は存在の最小単位は、粒子であったり波であったりする、と言いました。つまりその表れ方は、観測者との間の出来事で、どちらになるか予めはわからないというのです。いわゆる「量子力学」ですが、アインシュタインはこの不確実さについて「神はサイコロを振らない」と友人の学者に宛てた手紙で抗議しています。しかしボーアも負けておらず、尊敬するアインシュタインではありましたが、「アインシュタインよ、神が何をなさるかを、貴方が語るべきではない」と反論しました。現在までのところ、この議論はボーアの勝利に終わっています。

面白いのは、ボーアがこの粒子と波の二重性から**「相補性」**という概念を定立し、それを教育や心理学やあらゆる分野で用いてほしいと勧めていることです。ボーアは東洋哲学、とりわけブッダや老子、あるいは『易経』に深く傾倒していました。粒子と波というのは、そういえば仏教の「色（ルーパ）と空（シューニャ）」にそっくりなんですね。**「色即是空」**という言葉をご存じの方も多いと思います。

インドでは「存在の存在」めいた「自我の本質」として「アートマン（我）」を想定しました。仏教でも一部の学派はこれを不変の本質と考えたのですが、ブッダ自身は「単独で不変の自性」を認めず、「無我説」を唱えました。ここでは単純に**「関係性のなかで変化しつづける状態」が「空」、ヒトの感覚器と脳で捉えられたその変化の一部が「色」**なのだと思っておいてください。

大竹　「存在」を二つの視点から捉え、それが同時に成立していることを「相補性」と称したのですね。「色即是空」を現代の量子力学の相補性と対応させながら解説していただいたのは、とても興味深いです。

「関係性のなかで変化しつづける状態」が「空」、ヒトの感覚器と脳で捉えられたその変化の一部が「色」と捉えることは、確かに量子力学の「光」のふるまいに通ずるものがありますよね。

玄侑　もしも「存在」の在り方のこうした相補性を前提にすれば、「死」は粒子から波への移り際と考えることもできるかもしれません。それは「色から空」でもあるし、「有為から無為」とも思えます。愛する人の死は、どう考えようと悲嘆に暮れるものだとは思いますが、そういう考え方があると知っているだけで、その後の思いの深まり方が違うのではないでしょうか。

大竹 人間の「死」も、相補性の観点で捉えてみると……、自分自身の死にこだわれば命はそこで終わりかもしれませんが、やがて土に還り、時間や空間を超えて、大いなる自然の循環のなかで再び命に生まれ変わるわけですから、命は不滅ということですね。

自分の存在が、死後も何らかの違う形で残ると思えば、「己の死」や「愛する者の死」と向き合ううえで、大きな救いになりそうです。果たしてそういうものは存在するのでしょうか?

玄侑 それはつまり「魂」と呼ばれる存在のことですか? 死後も何かが存続していくと思うことは、愛する人や自分の死についてはある種の安心をもたらすでしょう。ただこれは、先ほど出てきた「怨霊」などと相補的な関係にあることも忘れてはいけませんよね。

ブッダが捉えた死後の世界、「中道」という考え方

玄侑 ちなみにお釈迦さまは、死に関して、「断見（だんけん）」と「常見（じょうけん）」の正反対の考え方を踏まえたうえで、「中道（ちゅうどう）」を示されました。

「断見」とは肉体の死によって全ては断滅し、後はなにもないという考え方。

「常見」とは逆に永遠不滅の存在があると考えるのですが、原始仏教の時代にはそれが「アートマン」だと考える一派があったようです。

その両極端な二つの見方をお釈迦さまは邪見として退け、**「中道」**とか**「無記（むき）」**を説きました。

大竹 ブッダが、肉体の死によって全てはなくなるという「断見」と、永遠不滅の存在があると考える「常見」のどちらも否定し、「中道」「無記」を唱えたのは、どうしてなのでしょうか？ また「中道」と「無記」は、どのように違うのでしょうか？

玄侑 「中道」というのは、ブッダの教えのなかでも非常に重要です。我々の頭はどうして

も善悪、美醜など、二元論的に働きます。一見その両者はどちらかが正しいように思えますが、本当は**双方の対立を超えた地点にしか真理はない**、という見方ですね。だから双方から距離をとる。換言すれば、**双方の対立を包み込んでしまうような地点に立つ**、ということでしょうか。それが「中道」です。儒教の「中庸」も少々似てはいますが、そこには「包み込む」という側面はないと思います。

　死後に何もないという「断見」も、死んでも永遠不滅の何かがある、という「常見」も、ブッダは両極端として否定しました。どちらでもない、ということはどういうことなのか？ それはじっくり瞑想（めいそう）を深めて体験するしかないのかもしれないですね。

　そうした心がけがない相手に、ブッダはよく「無記」という態度をとりました。これは「ノーコメント」ですね。「無記」と記載されるいくつかの場面では、「本当は知らないんだろう」などと揶揄（やゆ）されることもあったようですが、ブッダはただ沈黙しつづけたようです。思考や認識があるレベルに達していないと、どう話しても通じないし、ややこしくなるだけ、ということがあるじゃないですか。ブッダは論理的に説明できることと、できないこと、すべきではないことを、峻別（しゅんべつ）していたのだと思います。

大竹　なるほど。当時においては、現実的な処世だったのですね。ブッダがそのような境地を得たのが「瞑想」からだというのも興味深いです。

「輪廻転生」生まれ変わりを信ずることの功罪

大竹　ブッダが「輪廻転生(りんねてんしょう)」を唱えたのも、人間はもちろん、あらゆる生物が死をもって自然に還り、新たな生命に生まれ変わるいうことも、瞑想をとおして直観的に感じたのでしょうか？

玄侑　「輪廻転生」は、べつにブッダが唱えたわけではないですよ。これはむしろバラモン教やヒンドゥー教にも共通するインド古来の考え方です。

次の生がある、というのは救いでもあるかもしれませんが、苦しみでもあります。特に古代インドの場合は、次はどんな動物に生まれ変わるかわからないわけですから、そのことへの怯(おび)えを利用して道徳的な教化に用いた、という側面があると思います。立派に暮らしていれば来世でもっと恵まれる、ということですね。

チベット仏教では、ダライ・ラマが前のダライ・ラマの「生まれ変わり」だとしていますが、こうしたことが本当に起こるのかどうかは、「わからない」としか申し上げようがありません。ここでは「わからない」というのが中道だとも思います。

チベットの人々は、目の前を歩く犬にも慈愛の眼差(まなざ)しを注ぎますが、それは先祖の誰かが今はその犬に生まれ変わっているかもしれない、と思うからです。こうして、輪廻転生のおかげである種の理想世界が築かれている。それはそれで結構だと思いますが、問題は人生の捉え方ですよね。

輪廻転生してでも続いてほしい生なのか、それとも果てしない苦しみに満ちた人生なのか。

ブッダは、輪廻転生という思考習慣のあったインドで、むしろ**解脱することによって輪廻を断ち切れる**、と言ったわけです。いわば**今生での完成**でしょうか。

つまり「**一切皆苦**」、どう転んでも「苦」なのが人生だとすれば、断ち切ることができたらいいですよね。滅多なことで解脱などできるものではないでしょうが、少なくともそれは遥かな目標にできたのではないでしょうか。

ただこの場合でも、それですべてが終わる、と考えれば「断見」に陥ります。

そこで浮上してくるのが「**業(ごう)・カルマ**」という考え方ですね。今の自分の「生」じたい、無数の命の連続から生まれてきました。そこに何らかの蓄積がないはずがない、ということです。最近は、カルマの訳として「**潜勢力**」が気に入っているのですが、それによって過去と繋がるだけじゃなくて、我々の生は、未来にも何らかの「潜勢力」として影響を及ぼすはずです。

ちなみに、輪廻転生の考え方じたいは仏教も否定はしませんでした。一部の人々が断ち切れるだけで、大部分は輪廻するということですね。しかし仏教とセットで中国に伝わったこの考え方は、中国人を大いに困らせます。つまり、先祖が犬や豚だったなどという話ですから、先祖崇拝の国である中国で認められるはずがないでしょう。『梵網経』など大乗戒を扱った経典では、肉食を禁じるための論拠として輪廻を用いたりしましたが、基本的に中国から朝鮮半島を経て日本に伝わってきた仏教は、輪廻と切り離されていました。日本では、あまり輪廻転生のことを言わないのはそういうわけなんです。仏教も受け容れられたその国のお国柄でだいぶ変化しているんですね。

瞑想によってブッダが捉えた「無我」

大竹　ブッダは「単独で不変の自性」を認めず、「無我説」を唱えたと先ほど伺いましたが、いわゆる「無我」とは「無我の境地」という言葉と関係しているのでしょうか？

玄侑 いわゆる「無我の境地」というのは、無我夢中の意味合いでしょう。これはブッダの無我説とは違いますので勘違いしないようお願いします。ブッダの無我説は、あらゆる現象は縁起のなかで無常に変化しつづける**仮和合**(けわごう)で、単独で我(アートマン)として存在するのではない、ということです。

どうしてこの境地に至ったのか、と訊(き)かれれば、これは深い瞑想のなかで、と申し上げるしかないんですね。ブッダはご承知のように菩提樹の木の下に七日七晩坐りつづけ、八日目の明けの明星を見て「**大覚**(だいかく)」を得た、とされますが、要は論理的なアプローチの限界をよくご存じだったのだと思います。だって、光の最小の単位が、粒子でもあり、なおかつ波だって、論理的に理解できますか? 我々の普通の認識では、粒子が運動して波になると思っているでしょう。でも事実はそうじゃない。最小単位が波であったり粒子であったりするわけです。

また「色」とか「空」という見方は、べつにブッダの発明ではなくて、当時瞑想をしていた修行者たちの共通認識です。「色」は普通に誰でも知覚する対象ですが、それが言わば「変化しつづける全体性」のなかに溶け込むような、そういう体験を瞑想によって得るのだと思います。

ちなみにブッダは、「**戒**(かい)**・定**(じょう)**・慧**(え)」という三つの徳目をとても重視しましたが、戒によって制限され、その制限のなかで横溢（おういつ）していくエネルギーをすべて**禅定（ぜんじょう）（深い瞑想）**に振り向けるよう勧めるのです。そこに**般若の智慧（ちえ）が開ける**、世界の本当の姿が現れる、というのがブッダのセオリーですね。

ブッダは、瞑想が深まれば死も体験できると説いていますから、きっと「有為の奥山」を越えることも瞑想によって可能なんでしょうね。

第四章

人間の生死の営みには「物語」が必要である

仏教を理解するために生まれた「物語」が経典になった

大竹　断見と定見、そして輪廻転生と、お話を聞いていて思い出したのが、以前和尚さまが話されていた**「物語」**というものです。「人は何かを理解するために無意識に『物語』を必要とする、しかしそれは断面でしかない」、というお話でした。

玄侑　当時、どんな話をしたのかよくは覚えていないのですが、確かに「物語」は生きていくためにも死んでいくためにも必要だと思います。

『ペスト』の話ではタルーの「殺される側に立ちたい」という考え方を、人生観と表現しましたが、これはカミュにとってはもちろんですが、タルーにとっても「物語」と言い換えることができます。死によって一つの物語が成就したのです。

「断見」は、死後の物語が生まれにくい考え方ですが、逆に「常見」のほうも、永遠不滅では物語としての魅力に欠けます。もしかすると、そのどちらでもない「中道」とは、最も豊かに物語を育む土壌なのではないでしょうか。

大乗仏教の中心テーマは人々の救済ですから、当然さまざまな物語が多くの経典として生まれてきます。しかも登場人物の多くは菩薩や如来たちですから、天衣無縫というか、ほとんど超能力としか思えないような場面もたくさんあります。経典があまりに多く現れ、整合性も必ずしもとれていない。そこでは何が正しいかという見方ではなく、自分に合った物語を探すという観点が重要になってきます。

たとえば『**法華経**（ほけきょう）』では地面から金色の菩薩が湧き出ますし、『**華厳経**（けごんきょう）』ではウルトラマンかと思うほどのスペシウム光線が体験できます。もう円谷（つぶらや）プロの特撮並みなんです。長大な経典、しかもそんな経典が無数にあるわけですから、普通の庶民が全部読んで自分に合ったものを探すなんて不可能です。そこでトータルに大乗仏典を学ぶ比叡山（ひえいざん）の学生たちのなかから、一部を切り取って人々に示そうという革新的な考え方が生まれてきます。仏教としては奇形だけれど、人々を救済するには何よりキャッチーじゃなくてはいけない、ということですね。

さまざまな宗派に分かれ、庶民の救済を求めた「鎌倉仏教」

玄侑　すでに空海は、比叡山とは関係なく、中国から将来（しょうらい）した真言密教を広めていました。そこに、比叡山延暦寺という当時唯一の国立大学を中退し、中国に渡ったり、山を下りて独自の修行を重ねた人々がいわゆる「**鎌倉仏教**」と呼ばれる新しい仏教を開くわけです。
ご存じだと思いますが、**浄土宗の法然**、**浄土真宗の親鸞**、**時宗の一遍**、**臨済宗の栄西**、**曹洞宗の道元**、**日蓮宗の日蓮**などですね。今では比叡山に「うちの卒業生たちですよ」とばかり、各宗開祖たちの坐像が鎮座していますが、言ってみれば優秀な中退組のようなものです。衆生救済という観点を重視したため、「general」であることを目指さず、仏教の一つの側面に絞り込んでいったわけですね。お釈迦さまが強調した三**学**（**戒・定・慧**）のうちの「定」に特化した方法論がいろいろ出てきます。

たとえば法然上人は「**専修念仏**」。中国では仏の姿を脳裡に思い描くことも含んでいたのが「念仏」ですが、法然さんは口で称える「**口称念仏**」だけでいいと言いました。この単純化は禅定の大衆化を促したと思います。

その弟子の親鸞は更に救済への道を進んで「**悪人正機説**」を唱えます。これは強烈な物語ですから、またあとで触れたいと思いますが……。

一遍上人は禅の修行もしたうえで「**おどり念仏**」を始めます。口称念仏に体の動きも加わって、禅定もますます深まるでしょうね。法然から親鸞、一遍への流れは、いずれも口称念仏という方法を用いながら、救済する衆生の範囲をどんどん広げていったと言えます。そして最後はいずれも阿弥陀仏に抱き摂られる。

阿弥陀仏というのは、**「アミターユス（無量寿）」**または**「アミターバ（無量光明）」**が語源とされています。つまり阿弥陀仏に抱き摂られるというのは、無量の光の中に入っていく、そして無量の命を得るということでしょう。こうした物語が、先ほどの「いろは歌」に続いて平安末期から鎌倉時代の民衆の間に一気に広まっていくわけです。よく「燎原（りょうげん）の火のように」と言われますが、本当に凄い勢いで広まったようですね。

じつは「いろは歌」の「有為の奥山」を越える、という言い方には、すでに浄土教の考え方が示唆されています。「山越えの阿弥陀」という絵があるのですが、こちらから有為の奥山を登っていくと、頂上で阿弥陀さまが出迎えてくれると考えられるようになった。阿弥陀如来が観音菩薩・勢至菩薩を引き連れて、迎えに来てくれるんです。だから「いろは歌」は、すでに浄土教を知っている人が訳したのだと思えます。

他にも鎌倉時代には臨済宗、曹洞宗など、中国仏教である禅が伝えられ、最後に登場した日蓮は「念仏」ならぬ「お題目」を唱えるという、世界でも唯一の方法論を提案します。臨済宗、曹洞宗はむろん坐禅によって「禅定」に至ろうとするわけですが、これはけっこう難しいんですね。脚も痛いし。ところが法華太鼓を打ちながら**「南無妙法蓮華経」**とお経のタイトルを唱えるという方法は、じつに速やかに禅定に入れます。

無理やりまとめてしまいますが、結局どの宗派も「戒」は気にせず、ともかく「定」を深めて智慧（般若）に至ろうとしたのでしょう。それぞれの「行」に専念すれば自ずと「戒」も守られるという考え方です。そして死にゆくときには無量の光に包まれる。これは非常に救済力のある物語ではないですか。

じつは我々の臨済宗でも、あるいは曹洞宗でも、最終的には「南無阿弥陀仏」と称えています。ただやっぱり気恥ずかしいのか、臨済宗などはわざと中国音で、「ナムオミトーフー」などと称えているんです。

チベット仏教でも、人は死ぬと純粋な光になる、などと言いますよね。本当にそうなるのかどうかは、最終的には「わからない」としか言えませんが、立花隆さんがまとめた『臨死体験』（上下巻・文春文庫）でも、世界中の臨死体験者に共通していたのが、暗いトンネルを抜けると光の世界に出た、という部分でした。その後の出来事には民族性やお国柄なども反映されていましたが、そこだけは万国共通だったのです。これは非常に多くの人々を救い得る物語ではないでしょうか。チベット仏教はアメリカのターミナルケアの現場でも宗教色を抜いて使われています。

私が普段しているお葬式も、やはり故人のために物語を探したり創ったりする仕事ですし、時には教義にこだわらず、必要なら道教や神道、外国の絵本の物語やキリスト教だって動員したことがあります。

またこんなに長々と話してしまいましたが、結局のところ私は、世に数知れないさまざまな宗教を、人が充足した生を生きるための、あるいは安らかな死を迎えるための、豊かな物語群と捉えているんです。向き不向きは感じますが、あまりどれが正しいか、とは考えません。亡くなった人自身が信じていた物語が一番ですが、それがわからなければ「お知らせ」に来てくださった方からなんでも聞きだし、自分なりに故人のための物語を創りあげないと「引導」なんて渡せないんですよ。

むろん、どんな物語も一つの断面にすぎません。別な見方は必ずあるはずだと思いますが……。

「光」と「死」の関係を考える

大竹　豊かな物語群。これは、わくわくします。ウルトラマンが出てきたり、金色の菩薩が現れたり……。鎌倉仏教の有能中退組の物語があったり……。

和尚さまが書かれた小説『アミターバ』（ケイオス出版）にも「光になって浄土に往（ゆ）く」ということが書かれていましたが、ウルトラマンや菩薩にも、「光」があります。「光」には、来世や救いを私たちに信じさせる力があるのでしょうか？

玄侑　私が『アミターバ』を書いたのは、まずはなにより光の象徴である阿弥陀仏が、光そのものを想わせなくなってしまったからです。現代人は、浄土にああいう仏さまがいて、そのお膝元で楽しく暮らせる、と言っても信じませんが、**「阿弥陀＝光明」**に戻してしまえば、現代の物語としても通じるのではないかと思ったんです。

エリザベス・キューブラー・ロスは、約二百人の死にゆく人々にインタビューして『死ぬ瞬間　死とその過程について』（中公文庫）を書きましたが、そのなかで、人が死ぬ直前の静かな状況を「デカセクシス（Decathexis）」と呼んでいます。世間という住み慣れた空間や時間から離れた状況で、ある意味では通常の時空から「解脱」していると言ってもいい。まさに「有為の奥山」を越えた状態です。外から見ると、生まれてまもない嬰児（えいじ）のようにウトウトとまどろんでいるように見えます。人によって数時間から数週間これが続くと言われていますが、時間や空間を最後まで残る人間の煩悩だと考えると、そこから解放されていく過程と捉えることもできます。

一方で当時は、人が死ぬ瞬間にはその質量が減る、という話もあり、アメリカでは『21グラム』（二〇〇三年）という映画も作られました。もし質量が本当に減るのだとしたらそれは「魂の重さ」じゃないかとも騒がれましたが、それよりアインシュタインの示した相対性

理論の法則 $E=MC^2$（E＝エネルギー、M＝質量、C＝光速）から、減った分の質量がどこかにエネルギーとして現れてくるはずなんです。

もしかすると、人が死ぬ瞬間に不思議な現象が起こったり、「虫の知らせ」と言われることが起こるのも、そのエネルギーのせいではないか。使い切れなかったエネルギーの総体こそ「アミターバ」なのではないか。そんな思いで書いたのが、あの作品だったわけです。

あの物語を信じているかと訊かれれば、そうですね、八割方はそうなると思っていますね。じつはもっと面白いことが起こるかもしれませんが、それはそのときの楽しみにとっておきます。

申し添えておきますと、あの『アミターバ』を教科書に使ってくださっている看護学校がいくつかありまして、私としてはそれがとても嬉しいですね。

大竹　「もっと面白いことはそのときの楽しみ」ですか。死に臨む人々が、そんな意識を持てれば、少し気持ちも楽になれるかもしれませんね。

死に対する共同幻想としての物語

大竹　さらに、お訊きしたいのは、「物語との出会い」についてです。死と丁寧に付き合うためには、確かに「物語」が不可欠だと思います。しかし、旧来の大きな物語、みんなを乗せて浄土へ往くというような「大乗的」な物語が機能しなくなった現代では、どのような物語と出会えるのでしょうか。そして、それはどんな機会なのでしょうか。

玄侑　もしかして大竹さんは、自分だけのための「物語」が欲しいんですか？

　これまで私が申し上げてきた「物語」というのは、ある程度の人々に共有されることが前提になります、いわば「共同幻想」ですね。共同だからこそ、そんなふうになる可能性が信じられるわけです。まったく個人的だと、それは「妄想」です。

　むろん『ペスト』に出てきたタルーの「殺される側に立ちたい」というような物語も立派に物語だと言えます。しかしそれは、そう思う人がきっと大勢いるからです。

　まず申し上げたいのは、原型的な物語は風土に大きく関係しているということです。たとえば沖縄では海の彼方に「ニライカナイ」という場所が想定され、人はそこから来てそこへ帰るのだと信じられました。神の住まいもそこで、神は定期的にやってきては此の世に豊穣(ほうじょう)をもたらしてくれます。

一方、海から遠い地域の殆んどでは、人の死後の行く先は「山の向こう」に想定されました。「有為の奥山」を越えて行く、というのは、その観点からも納得できたわけです。日本で一番多い山の名前をご存じですか？　ハヤマです。文字は葉山、羽山、端山、早山、麓山といろいろですが、要するに各地の山がその土地と異界との端境(はざかい)だと考えられたわけです。

もともと地域ごとに想定されていた死後の世界が、仏教とりわけ浄土教、あるいはキリスト教などの創唱宗教（教祖が存在する宗教）によって塗り替えられたり、上塗りされたりしていくわけですね。土着的な、地域で自然発生したような宗教は自然宗教といいますが、日本の神道などはその代表的な宗教で、自然と神を一体視します。

日本の場合、仏教が入ってくることで、土着の信仰が俄(にわ)かに「神道」として形を整えてきた形跡があります。そして両者は死生観のうえで奇妙な混交をするようになるんです。神仏の双方を祀るというやり方は、聖徳太子の建てた法隆寺にもはっきり見られますから、ここには明確な意志がはたらいていたと思います。

さて柳田國男が全国を調査した結果、殆んどの地域で信じられている死後のイメージは、まずはホトケになり、一定期間を過ごしたあとは「祖霊神」というカミの集団に入る。そこから春は農業神になって降りてきたり、子どもが生まれるときは産土(うぶすな)の神として降りてきたり、また年末には歳徳神(としとくじん)になってやってきて門松に降り立つ。つまり、ヒトがホトケになり、やがてカミになってこの世に出入りし、またヒトが生まれるわけですから、循環しているんです。自然の循環を取り込んだ考え方だと思います。

ところでヒトが死ぬと、どこかへ往くのか、それとも帰るのか、という視点で考えると、日本人はどうも「帰る」ほうに安心感を抱いているような気がします。浄土や天国は、知らない場所ですから不安ですが、ニライカナイや大自然は生まれる前に居たところと解釈されますから、「回帰」する安心感があるのではないでしょうか。

ちなみに私の場合は、位牌(いはい)の一番上に「新帰元」と書くのですが、これは「新たに元に帰る」ということ。元というのは**「元気」**、つまり**宇宙根源のエネルギー**のことです。我々は「元気」から元気を分与されて生きてきたけれど、いかんせん器の寿命がきたので此の世での生を終え、元気は元気の本体に帰っていく、ということです。悪くない話でしょう？

でも、こうしてさまざまな物語を紹介していくと尚更、死んで異界に往(い)ったり帰ったりするのは誰なのか、何なのか、ということが問題になってくると思います。

大竹　確かに……。死んで異界に往ったり帰ったりできる人（何か）が存在するなら、人ごととは思えません。

玄侑　もしかすると大竹さんは、誰か特定の個人のための「物語」を求めているのですか？ あるいは自分自身のための「物語」ですか？ 本来「物語」は、生きていくうえで必要になる「杖（つえ）」のようなものだと思います。どこでどのように出逢うのか、と訊かれても、人それぞれだと思いますよ。道端に落ちていた棒や竹で間に合わせる人もいれば、人から借りて立派に使いこなす人だっているでしょう？ 自分で手作りした「杖」が果たして素晴らしいかどうかも、何とも言えません。

本当は「物語（＝杖）」なしで進むのが一番強いのかもしれませんよね。「人はただ生まれ、しばらく生きて、死んでいく」、虫や動物たちと同じように、それだけのことだと思いつつ、彼らのように真摯に生きられるのだとしたら、凄いことじゃないですか。しかしたぶん人間は、そうはできない因業な生き物なのでしょう。死をこれほど意識する生き物は他にいませんよね。

ただ人間は、大切な人を失ったときに、その同じ因業さで救われたりもします。「物語」が本当に有効なのは、そんなときなのだと思います。たとえ後付けであっても、悲しみから癒えるために人は「物語」を必要とするのでしょう。

自殺を望む人にとっての「物語」とは？

玄侑　大竹さん、そろそろ一番気になっていることを話してみてはいかがですか？

大竹　和尚さま、己の秘部を晒すようで少々戸惑いもありますが、良い頃合いでしょうか。医学部を辞め、予備校講師も辞め、そして哲学の道に入り、さらに和尚さまとのご縁を求めるようになったきっかけ、私をある種の変人のような生き方に導いた出来事がありました。振り返ると、もう十五年も前の出来事ですが、いまだにショックが癒えません。

予備校で教えていた時代に出会った、中学三年生の少女の物語です。私は彼女の担任ではなかったのですが、不思議なことに、実の兄にように私を慕ってくれていました。受験勉強以外にもさまざまな相談をもちかけられ、よくアドバイスをしていました。今でも思い出すのは、塾の遠足先の公園で、一緒にゴーカートに乗ったときの彼女の笑顔です。彼女はそれほど私に心を許していたのでしょう。

しかし、受験が近くなると彼女は別の塾にも通うようになり、顔を合わせることがどんどん減っていきました。優等生の鑑のようだった彼女のこと、教師たちも彼女が悩んでいることなど夢にも思っていませんでした。顔を合わせるたびに「頑張れよ！」「風邪ひくなよ」などと軽く声をかけていましたが、まさか彼女が自分で自分の人生を終わらせようとしているなど、微塵も気づきませんでした。

　そして突然聞かされた自殺の報告……。あまりの衝撃に、しばらく口も利けませんでした。

　それからの数年は、「どうして気がついてあげられなかったのだろう……。何かサインがあったかもしれないのに……」。後悔の言葉ばかりが尽きず、亡き彼女と無言の対話をしていました。若くして妹を失った気持ちとは、こんな感じなのだろうかと、今でも思います。

　彼女の自殺後、私は予備校を辞めて大学に入り直しました。哲学を専攻したのは、もともとフランスの思想家たちに関心があったからなのですが、彼女が選んだ「死」というものに自分なりの「姿勢」を見つけたかったことも大きな理由です。

　そして、何年前だったでしょうか、「答えの出ない問題をずっと持ちつづける」、和尚さまからこんな箴言をいただき、私の心境も変わってきました。この出来事以来、世間的には変人と言われ、とかく困難な道を選ぶ癖がついてしまいましたが、確かに私を動かしているのは、彼女の「存在のようなもの」なのです。なんと言いましょうか、魂のようなものでしょうか。

和尚さまがおっしゃる「誰か特定の個人のための物語」は、まさに彼女との物語です。

玄侑　とうとう出てきましたか。自殺……、難しい問題ですね。

親しい檀家さんのなかにも、自殺をしてしまう人は一定数います。そんなとき私がまず思うのは、単純な「物語」は放棄しよう、ということです。「物語」というのは、なんとなく「わかった」と思うための器ですから、原因も含め「わかった」と思うことは、他者の越権行為のような気がするんです。

福島県の霊山（りょうぜん）に「霊山こどもの村」という施設があるのですが、そこにボタン一つでガラスケースの中に竜巻が起こる装置があります。とても面白いと思ったのですが、竜巻というのは、四つの風を別な角度から合流させて起こすんですね。二つでも三つでも難しいようですが、四種類の風が絶妙なバランスで合流すると発生するんです。

私は、自殺というのはこの竜巻のようなものだと思っています。そしてたまたま合流した四つの風すべてを知ることができない以上、自殺を簡単な「物語」で解釈するのはやめておこうと思います。

ただ、菊池寛に「身投げ救助業」という短編小説があります。詳しい内容はここでは述べませんが、要するに京都の疏水の近くで茶店をしている老婆が、疏水に身を投げた人に竹竿を差し伸べて救うんです。すると警察から高額の報奨金が出て、老婆はしょっちゅうこの身投げ救助をするようになる。そこに描かれているのですが、意を決して身を投げたはずの人々が、竿を差し出すと百パーセント摑まってくるというんです。

ここから言えるのは、腕も脚も体のどの部分も、死ぬ気なんてなかったんです。ただ「私」だけが死にたいと思い、体を道連れに飛び込んだわけですが、水に入った瞬間に「私」はいなくなって体だけが水中に残された。もがいて当然なんです。言ってみれば、体が「私」に殺されかけたんですね。だから自殺は「私」による自身の殺人とみることもできます。

その後の老婆の感想がまた興味深いのですが、助けられた人々は誰も老婆に御礼を言わないというんです。要するに命の無事が確認され、少し落ち着いてくると、いつのまにかまた「私」が戻っている。そして死で完結するはずだった「物語」が宙ぶらりんになっていることに困惑し、老婆に対して怒りさえ感じています。つまり、人間にとっては、時に命よりも「物語」のほうが大事だったりするわけです。「物語」というのは諸刃の剣なのでしょうね。

ここで大切なのは、体を殺そうとした「私」は普段の私ではない、ということです。鬱とか心身症のことも多いですし、さっき申し上げた竜巻がさまざまな要因で起こっているのかもしれない。そう思いながら、私はなんとか自殺者の葬儀も行なっているのですが、「物語」という観点で言いますと、自殺が起こるのは現実の変化に対応するための「物語」の再構成ができなかったということではないでしょうか。

ちなみに、カトリックは基本的に自殺を禁じています。神さまの被造物が自殺するなんて、これほど傲慢なことはありませんし、何より神への冒瀆です。ですから地域と時代によっては自殺者の葬儀は行なわれず、遺体は池や沼に捨てられました。これは、バイブルに書かれた物語を重視するキリスト教徒には許しがたいし、自殺者のために「物語」を改編する気などないということです。

しかしこうした冷徹な見方は、予防的には何らかの効果があるにしても、すでに起こってしまった友人や親しい人の自殺には用いがたい。だから本当は、彼女が生きているうちに、既定事実をすべて折り込んで、竜巻からも立ち直れるような「物語」を再構成してほしかったわけですが、できなかった彼女に代わって大竹さんがそれをしようということでしょうか。

確かに私は「解決しない問題をずっと抱えつづける」ことを以前勧めました。慌てても時節が来なければ心底からの納得はできないこともあると思います。「わかる」のは失礼だ、という話もしたと思います。

大竹　「わかるのは失礼である」、和尚さまのこの助言は、『ペスト』の理解も促してくれました。タルーは自分の道徳を「理解すること」と断言しています。当初は、それこそ「理解」できなかったタルーの発言を、「わかるのは失礼である」から紐解くことができました。

　彼女が自殺してしまったことは、確かに悲劇です。悲劇なのですが、ここ数年は、彼女の存在への感謝を感じるようになりました。自身にとっても不思議な感覚なのですが……。私を動かしている魂のようなもの、とでも言いましょうか……。泣けちゃうのですが「先生、頑張ってるね」とか、「私のような子、出さないでね」なんて、声が届くことがあるんです。自分勝手な「物語」かもしれませんが、引き摺るというのとは別の感覚をもたらしてくれるようになりました。

玄侑　大竹さんのなかで何が起こったのかはわかりませんが、それはよかった、と申し上げるしかありません。私にも読者の方々にも、今ひとつ状況は摑めませんが、だからといって詳しい状況を聞いてそれを一方的に解釈するのはやめたほうがいいと思います。「物語」の再構成はやはり本人が生きているうちにすべきことで、私は職業上やむを得ず後付けでして

いますが、大竹さんにとっての彼女の死は、きっとあらゆる解釈を拒むだろうと思います
し、そうあるべきだとも思います。

第五章

魂と魂を繋ぐ「縁起」の世界

『リーラ』で描いた自殺者の魂が周囲に及ぼす「縁起」とは？

大竹　日本では、だいぶ減ってきたとは言え、自殺者もまだ年間二万人と決して少なくはありません（平成二十一年～三十年は三万人を超えていました）。毎年、コロナ禍で亡くなる人数以上に、多くの人々が自ら命を絶っています。それぞれの人の数だけ「物語」があったでしょうし、その方を巡る家族や近しい方々の生きていく「物語」にも大きな影響を与えたかと思います。自殺は、本人にとっては大変な心痛の末だとは思うのですが……、自分の周りの人々の心にも、計り知れないほどの大きな悲しみや禍根を残すものと思います。和尚さまは、いかが思われますか。

玄侑　ここしばらく減少していた自殺者が、コロナのせいもあって二〇二〇年に再び増加に転じました。特に女性と、十五歳から三十九歳までの若年層の数が増えていて、心が痛みます。

　私は以前、自殺者を巡る六人の視点が螺旋（らせん）状に連なる『**リーラ　神の庭の遊戯**』（新潮文庫）という作品を書きました。「リーラ」はタイトルにしているくらいですから、重要な言葉なんですが、意味規定が難しいんです。本文にもあるように、ヨーガでよく使われる言葉で、「(神さまの)遊戯」とか「気晴らし」のことです。要は、「シンクロも含んだ複雑な関係性そのものが無限に続く命の表れ」、ということでしょうか。もとより人間には解釈不能なので、それに任せる感覚、虚心に命の声を聞く感覚を、ヨーガでは磨くんですね。

大竹　『リーラ』。ああ、この名前を聞けて、とても嬉しいです。私にとって、大切な本の一冊です。『リーラ』は自殺した主人公、飛鳥(あすか)を忘れられない両親、弟とその恋人、飛鳥を悩ませたストーカーが、飛鳥の死後も各々の立場で彼女の「魂のようなもの」を感じることで救われていくという物語でしたね。彼らの体験の同時性や、さまざまな繋がりから人知を超えた縁、大いなる世界にも連なる「縁起」のようなものを窺(うかが)い知ることができる物語で、大変感銘を受けた記憶があります。

玄侑　登場人物六人の解釈が一致することはありませんし、主人公の自殺の原因が究明されるわけでもありません。しかし五人のなかに、自殺した二十三歳の女の子の**「魂のようなもの」**が**業(ごう)(潜勢力)**として生きつづけているのは確かなんです。私はその「魂のようなもの」に成仏してほしくて、あの作品を書いたんだと思います。

副題に使った「神の庭」というのは、仏教的にはおそらく「**縁起**」でしょうね。我々の理解を超えた複雑な関係性のなかで、それはいつどこで出逢うのかわからない。しかも探せば見つかるというわけでもありませんから、「神の庭の遊戯」なんです。

わからないままにずっと抱えていれば、そのうちきっと「神の庭」に出ますよ。大竹さんも彼女の死を十五年も抱えていたわけですから、もう少し抱えていてください。解釈という魔に囚われて本質を見失わないようにすることが大切だと思います。

ところで問題になってくるのは、いま大竹さんがおっしゃった「魂のようなもの」なんじゃないですか？

大竹　そうなのです。だから『リーラ』において、飛鳥を忘れられない登場人物たちが、それぞれに飛鳥の「魂のようなもの」に再会していくシーンは、とても感慨深いものでした。和尚さまが『リーラ』を書かれたきっかけは、どのようなものだったのでしょうか？　やはり何か「魂のようなもの」に触れる体験が、あったのでしょうか？

玄侑　これを書こうと思ったきっかけは、やはり身近な人の自殺でした。飛鳥という名前にしてありますが、彼女の絶望、というか、自殺まで行ってしまったその悲しみに、自分なりに迫ってみたかったのだろうと思います。

「飛鳥を忘れられない」とおっしゃいましたが、むしろ「飛鳥の死に関与した可能性のある」五人と、直接は関与していない弥生（やよい）の六人の語りで、その苦悩を浮き彫りにしたかった。六つの視点の小説、というのは珍しいと思うのですが、多くの視点のズレと重なりで、一人の視線だけでは決して描けない複合的な状況を描きたいと思ったんです。私は先ほど、竜巻が四つの風の合流で起きるという話をしましたが、ここでは飛鳥を巡る五人、つまり五つの風です。その五人の個別の時間のなかに、ある種のシンクロニシティが起きる。つまり別な場所で、同じ時間に、飛鳥の「魂のようなもの」が感じられる体験が起きるんです。それによって、繋がった全体性のようなものが示せればと思いました。

むろん、自殺した飛鳥に成仏してほしい、というのが私の願いでした。

大竹　やはり切実な体験がベースになっている作品だったのですね。特に、「まぶい（生魂）が落ちる……魂が抜け落ちる」という表現は、とても印象的でした。

深い悲しみや驚きで人間の心が病んでいき、やがて生命力をも失うことを表しているように思うのですが……、とても優しい表現だと思いました。

玄侑　それは飛鳥に直接関わらなかった弥生の島での見方ですよね。五人の視点にはなかった見方です。

今の日本というか本土では、以前の「成人病」も自己責任を問う意味で「生活習慣病」と言い換えられました。昔は「狐憑き」などと呼ばれた事態も、内側から自己の一部が解離して現れたという意味で「解離性同一性障害」と解釈します。どうも病んでいった責任が自分自身だと見る風潮が強いんです。ですから、自殺についても、見方が冷たいんですね。

でも弥生の島では、こんなに憔悴してるのは、「まぶいが落ちたせいだ」と考えてくれる。驚いたり怖かったりという、いわば偶発的な体験で「まぶい」を落としたせいでこんなふうになったと考えてくれるんです。おっしゃるように、これってじつに優しい見方だと思いますよね。

しかも落とした「まぶい」を戻してくれる職業的な人々まで揃ってる。飛鳥が成仏するのはここしかないだろうと思ったんです。

大竹　さらに……沖縄の「ユタ」さんに霊を呼び寄せもらい、飛鳥がこぼれ落ちた「まぶい」と合流して成仏していくシーンは圧巻で、映像的にも忘れられない印象が残りました。和尚さまご自身にもこういった御体験がおありなのでしょうか？

玄侑　じつは沖縄の大先輩作家である大城立裕（おおしろたつひろ）先生に相談しまして、ユタさんを何人か紹介していただいたんです。このときは私としては珍しく、取材旅行をしました。そしてユタさん本人に会うと、まさか取材とは言えませんし、実際、飛鳥のモデルになった女性を呼び出してもらったんです。「まぶい」を戻してもらう海岸での儀式も、実際にしていただいた儀式を参考に書きました。ただ最後の最後のシーンは、まぁ私の心のなかでの出来事ですね。それを可視化してみたということです。

縁起がもたらす「赦し」と無限の広がり

大竹　さらにはこの本の大事なテーマである、「赦（ゆる）し」について伺います。弟の恋人弥生と、ストーカーの江島（えじま）、この二人が輪郭のようなものを作っているように感じました。小説の幕引きも江島がしていますね。もし自分がストーカー男なら、とうていストーキングしていた女性の自殺には耐えられないでしょう。でも、彼は生きつづけます。そんな彼は、赦されたのでしょうか？　「人の世では赦されない」とも書かれていますが……。

玄侑　「もし自分がストーカー男なら、とうてい彼女の自殺に耐えられない」とおっしゃいますが、そういう人はストーカーにならないですよ。私はこの作品で、「江島」の部分を書くのが一番苦労したんです。だって、ストーカーの気分にならなくちゃいけないわけですから。身勝手な理屈を考えるのはなかなか難儀でしたよ。

それはともかく、確かに江島が赦されたのは、当時担当だった編集者にも驚かれた部分です。江島はいわば飛鳥の自殺の大きな原因をつくった男ですから、赦されてほしくない。そういう気分は、たぶん読者に起こるでしょうし、初めは私もそう思っていました。しかし目に見えない何か大きな力で繋がった人々を描いていくうちに、江島もその繋がりのなかにいることに否応（いやおう）なく気づいていきます。小説のなかでは「飛鳥の『慈悲』」と書いていますが、それは江島がそう思っただけのことで、**慈悲というのは仏のみが持てる心性**です。

ならば飛鳥は仏じゃないかと言われそうですが、そうではなく、私は「目に見えないなにか大きな力で繋がった世界」、つまり「神の庭」そのものが赦してくれたんだと思います。仏教的な言い方をすれば**「縁起」**、あるいは**「華厳の世界」**でしょうか。

河合隼雄（かわいはやお）先生は、「魂についての神話を自分にとって納得のいくものとしてつくりあげてゆくことが個性化の過程」だとおっしゃっていますが、私も飛鳥についてそういう作業をしていたら、あの「神の庭」に出たんです。個性化が普遍に繋がったのでしょうね。

大竹　江島は「縁起」によって赦されたのですね。この「縁起」というものに、和尚さまは「網」のイメージを持たれているのですか？　『リーラ』では、弥生の島でのクライマックスで、燃え上がる紙が蜘蛛（くも）の巣のように線を作り、煌（きら）めきます。和尚さまの代表作である小説『中陰の花』（文春文庫）でも、紙縒（こより）のタペストリーがクライマックスを彩っています。網の目のような繋がり、これが和尚さまの「華厳の世界」のイメージに近いのだろうか、とも考えさせられました。そして、縁起とは紙で紡がれる網のような柔らかなものなのでしょうか。金網ではなく紙の網である儚（はかな）さに「魂のようなもの」を感じてしまいました。

玄侑　ああ、面白いご指摘です。ただあの「網」は、べつに私の発案ではないんです。大竹さんは「インダラ網」という言葉を聞いたことがあるでしょうか。宮沢賢治は「インドラの網」という作品を書いていますが、通常は漢字で**「因陀羅網」**と書かれるため、「インダラ網」と呼ばれます。これは『華厳経』という経典に描かれる帝釈天（インドラ神）の宮殿の天井にあるとされる網なのですが、とにかく凄いんです。

網の結び目のすべてに宝玉が付いていて、宝玉どうしにお互いが映っています。つまりどこかが少し動いても、すべての宝玉に映る様子がみな変わる。うねるように変化は全体に及ぶわけです。これは**「重重無尽の縁起」**というものを象徴していて、空間はもちろんですが、時間の繋がりをも意味しています。すべての「今、ここ」が、無限の時間の繋がりと無限の空間的関係性のなかで、このようにある、ということですよね。この関係性の全体を理解することは誰にもできませんが、確かにそういう力がはたらいている、ということだと思います。

『中陰の花』の網は、紙縒で作られたものですから誰にでも見えますが、無謀なことに、私は『リーラ』のラストで、その網を特別な人の目に見えるモノとして描いてみました。うまくいったかどうかはわかりませんが、私はもしかしたらこのことが、ブッダが目覚めた最大の法ではないか、話しても誰にも理解されないだろうと、説法をためらわせた法なのではないかと思うんです。だから理解することは難しくとも、なんとなくそうした力を感じ、そこに身を委ねることで、「魂のようなもの」もほどけていけるんじゃないかと、そう思ったのだと思います。

都市で失った「まぶい」を感じる心

大竹　理解ではなく、感じて委ねる。これまで、和尚さまからいくつか課題をいただいてきたおかげで、そのような心境になれるようになりました。

『リーラ』には、言わば二つの現実世界があると思います。都市と島です。弥生の言葉の数々は、やはり島に育ったからではないでしょうか。それが「まぶい」という言葉に現れていると感じます。都市で弥生が「まぶい」を集める仕草は奇妙に見えてしまうのですが、島での宮城さんの話は真実味を持って迫ってきます。都市では「魂のようなもの」に触れるのは、難しいのかな、とも思ってしまいました。

玄侑　確かに都市と島との意識の違いが、根底にあるのでしょうね。最大の違いは**自然の力に対する畏怖**かもしれません。島では日々それが濃厚に感じられるのに対し、都市ではなるべく感じないで済む日常を実現しています。冷暖房やＡＩ（人工知能）などで、それはますます加速しています。逆に言えば、都市に住んでいると意識のままに世界が動くと思い込んでしまうので、些細（ささい）なことがものすごい大問題になってしまいます。でも島にいる人にとっては、**思いどおりにならなくて当然だし、「仕方ない」と思って諦めるのは恥ずかしいことじゃないんです**。『リーラ』で描いた島の人々の明るさに、私はそういう気持ちを込めました。

人間というのも、全体としては大いなる自然ですから、何が起こるかわかりません。

おそらく島の人々は、不慮の変化に対する理解のために「まぶい」を想定するのでしょう。「まぶい」が三つくらい落ちたと思えば急激な憔悴も落ち込みも納得できたりするわけです。あくまでも人間を自然の一部と捉え、その調整役として「ノロ」さんや「ユタ」さんという霊能者がいる。死が「自然」だと思えないケースでは、彼女たちが登場するわけです。ある意味、万全な社会だと思いませんか。

ところが都市では、自然を征服すべき敵のように考え、意識のとおり実現できると思い込んでいますから、人間のちょっとしたイレギュラーにも対応しきれません。おそらく島での「さーさーする」人、いわば霊能力のある人々も、本土の精神科に行けば統合失調症など何らかの病名をつけられてしまうでしょうね。精神科医療の歴史はまだ浅いですから、心の不可思議を充分に捉えきれてはいないと思います。

大竹 現代は、「意識のままに」がまさに大問題になっています。精神医療も「自然征服」の一環ですから、「魂のようなもの」についての言葉を持っていないのでしょうね。でも、『リーラ』に描かれる島のような場所が保たれれば、そこに光明が見出されるように思います。その光明によって、「魂のようなもの」を感じ、「物語」を紡ぐことも可能になるのかな……と。希望のような気持ちですが。

科学万能主義の落とし穴と、「物語」の重要性

玄侑　『リーラ』で描いた島のような場所が保たれることを私も願っていますが、おそらく難しいでしょうね。それは現代社会を覆う科学万能主義の影響がまず何より大きいと思います。「科学」という文字からもわかるように、「科」は枡で穀物を掬い取ることですから、あくまで枡の内部を知るための方法論です。また「科学」では「再現性」が重視される。つまり同じ条件下では同じ結果が出てこそ科学的なわけです。ところがどう考えても、「魂のようなもの」は枡にも収まらないし、同じ条件を再現することじたい、諸行無常なのですから不可能です。最近は、医学まで「エビデンス」という言葉を多用して、一回性の問題については棚上げにしています。

ということは当然、時間的にも空間的にも無限の広がりをもつ「縁起」など、扱えないということでしょう。全体がどのようなバランスで均衡しているのか、知りもせず、これは不要、あれも不要と勝手に判断して削除したりコピペしたりしてしまう。「delete（デリート）」も含めて、もはやパソコンの機能が日常のなかで習慣化してしまったかのようです。

今回のコロナの問題もそうですが、やはり自然との付き合い方を現代人は見失いつつある

のだと思います。コロナ禍は、自然や動物たちとのバランスを失った人間社会の当然の帰結とも思えますし、「目に見えない世界」からの反撃にも見えてしまいます。

医学でもデータ主義の「Evidence Based Medicine」に対して「Narrative Based Medicine」が登場しましたが、やはり個々の物語、つまり「Narrative（物語）」がますます重要なのではないでしょうか。

「なんとなく」「なりゆき」「まわりみち」で救われる

大竹　個々の「Narrative」で思い出すのは、『リーラ』での弥生のセリフです。「ほんとはもっと、『なんとなく』でうまくいくんじゃないかなぁ、なんでも」リーラに任せて生きるというメッセージですよね。

和尚さまのエッセイで特別に記憶に残っているのが、『まわりみち極楽論』（朝日文庫）と、『なりゆきを生きる「うゐの奥山」つづら折れ』（筑摩書房）の二冊です。『リーラ』も含めた三冊には、個々の「物語」を紡いでいくためのエッセンスがあると思います。つまり「なんとなく」、「なりゆき」、「まわりみち」……で生きることです。

現代がこれほどまでに科学重視になり、一秒でも早くゴールに着いたものが勝ちとされる世界では、「まわりみち」は一瞥もされないルートかもしれませんが、むしろこれからは、まわり道をしながら「魂のようなもの」に出逢っていくことが望まれると思うのです。それどころか、医学での取り組みが証明しているように、まわり道をしていく方がむしろ「論理的な」解決に近づくケースもあるかな、とも考えています。

玄侑　「なんとなく」「なりゆき」「まわりみち」と三つ並べられると、いかにもいい加減に思われそうですが、たしかにそれは私の願う在り方かもしれません。

計画や予測、あるいは意思などを、現実は常に超えてきますし、時には覆してきます。その場合、**計画や予測や当初の意思にこだわるのではなく、すべての変化を踏まえた新たな方針に立って次の一歩を踏みだすべきです。**それが**「なりゆきを生きる」**ということですよね。結果としてそれが「まわりみち」に見えるのかもしれませんが、それは部外者の声ですから気にすることはないんです。

　ＡＩがどんどん進歩しているようで、囲碁や将棋の世界でも活躍しています。ある方から聞いて驚いたのですが、囲碁のＡＩが急に強くなったキッカケがあるらしくて、それは「どう考えても無意味と思える手」を教え込んだときらしいんです。いわば局面をほとんど変化させない「保留」のような手ですね。合理的に突き詰めるだけでは人間に敵わなかったようなんですが、たぶんそれは人間の「直観力」のせいだと思うんですよ。藤井聡太竜王・名人（今や八冠！）も将棋界の常識を破るような手を差すようですが、そうした直観にＡＩが対抗するには「どう考えても無意味に思える手」しかないということではないでしょうか。合理性では決して捉えられない世界が、うまく言葉では説明できないにしても、彼ら天才には直観で捉えられている。それは大部分の人には、一見「無意味」に思えるのでしょう。**直観では捉えながらうまく表現はできない**、というのがじつは**「なんとなく」**ということではないでしょうか。

やや「論理的」に話すとそういうことになるのだと思いますが、今の世の中では、個人の直観など一顧だにされず、うまく説明できないとまったく認めてもらえない。直観はむしろ、踏みにじられることが多いのではないでしょうか。

大竹さんのおっしゃる「論理的」の意味がうまく把握できているかどうか、まったくわからないのですが、もう少し詳しく教えていただけますか。直観で通じなくてすみません。

大竹　恐縮です……。

意味による突き詰めは、そのプロセスで、「意味にならないもの」をデリートしていかなければなりません。それが近代的論理思考の進め方なのではないでしょうか。この型の論理思考法だと、「Narrative」の用き（はたらき）は出現しないと思うのです。

というのも「Narrative」には、当事者による語りと第三者による聞き取りが不可欠であり、より重要なのが第三者による聞き取りだと私は考えているのです。たとえば精神科医のような役です。このような聞き取りを介して、「意味にならないもの」が繋がり合っていくのではないでしょうか。その結果、見出されていくものが、物語なのでは、と考えています。「縁起」がもたらす物語です。

最初はわからなかったものが、第三者の介入により、いつの間にか繋がっていたことに気づかされ、事後的に意味がわかる、そんな「論理」もあるのではと考え、あえて論理的という表現を用いました。下から段階的に上に向かう論理とは別の論理とでも言いましょうか。

玄侑　なるほど。本人は気づけず、悩み苦しんでいた混沌（こんとん）から、第三者が共同で「物語」を掬い取ってくるわけですね。あるいは時間をかけて、協力して物語を紡ぎだす、と言ってもいいのでしょう。それは非常に重要なことだと思います。いわば「網の目」からそうして抽出されるものこそが「Narrative」ということですね。

神はむすぶもの、仏はほどけるもの

玄侑　ところでそんな場合、とても気になるのが「物語の鋳型」です。今、大竹さんも「型」という言葉を使いましたが、非常に大胆な仮説を申しますと、私は「むすぶ」方向と「ほどける」方向があると思うんです。**『むすんでひらいて』**という歌がありますが、あれがとても象徴的です。

よく**「神はむすぶもの、仏はほどけるもの」**とも言いますが、人は「結ぶ」ことでわかったと感じます。しかし「結ぶ」ことはいわば自己規定ですから、往々にして結びすぎてキツくなってしまう。そうすると、今度は「解く」ことが必要になります。まだ学術的には証明されていないようですが、私は「仏」を「ほとけ」と呼んだのは「ほどけ」に由来すると思っているんです。「解脱」だってその意味合いの言葉ですよね。

これは「魂のようなもの」の在り方にも関わるのですが、私が『リーラ』で表現したかったのは、飛鳥の痕跡をもつ「魂のようなもの」を、じつは「網の目」のなかに「ほどいて」あげたかったんです。「網の目」というのは、複雑に関係し合っていますが、べつにこんがらかっているわけじゃない。我々には理解しきれないその複雑系に、溶かし込むイメージでしょうか。

民俗学者の柳田國男さんは、仏が神になるまでの一定期間、魂は個性を保ったまま存在していると考えました。人情としてはどうしてもそう思いたいですよね。しかし同じ民族学者であり国文学者でもある折口信夫さんは、どちらかといえば無個性化すると考えたんです。そう考えたほうが救いになるケースは確かに多いのではないでしょうか。

ですから私のなかでは、どうしても「ほどけ」て無個性化することが「成仏」なんです。個性があまりに偏重される世の中では、「成仏」も難しくなっているような気がします。

大竹　「ほとけ」が「ほどけ」に起因する、このメッセージに心臓の鼓動が速まりました。なぜ『中陰の花』でのタペストリーが紙縒でなければならなかったのか、直観的にはしっくりきてはいたのですが、これで確信しました。「むすび」には、この「ほどけ」の作用が不可欠だと考えると、金属でできたネットワークではダメなことが、ストンと腑に落ちました。金網は「むすび」ばかりですからね。解くためには網全体を破壊しなければならない。そうなると、「魂のようなもの」を溶かし込むどころではありません。

ところで、「魂のようなもの」にある「ようなもの」という表現は、先に和尚さまのお話にあった「断見でもなく常見でもない」に関わると理解しています。あるいは、「解釈不能なままに任せる」という意味合いも込められていそうですね。

果たして「魂のようなもの」とはどのようなものなのでしょう。

「たましひ」とは何か？

玄侑　おっ、ついに来ましたね。たしかにそこが大きな問題だと思います。

古語としての「たましひ」は、丸いから「たま」なのでしょうし、「しひ」は動きまわるものに付く接尾語です。もしかすると古代の人々は、土葬で埋めた遺体に起こる「ひとだま」という物理現象を見て、そういう発想を得たのかもしれませんね。土葬で埋められた骨からリンが分離し、土中の隙間を昇るうちに自然発火するようです。私も一度見たことがありますが、それは本当に明るくて、よく動きまわります。

昔の人々は、どうやら物にも人間にもこの「たま」が内在していると考えていて、傷つかないよう心がけて暮らしていたようです。人の場合は死後もその「たま」が活動してその人を護る（まも）と考えられ、体内から自由に抜け出ることもできて、他人の「たま」と逢うこともできると考えていたようです。

一方で漢語の「魂」は、「鬼」が死者のことで、左側の「云」は「雲」です。死によって身体から立ちのぼっていく雲のようなものでしょうね。そして中国人は「魂魄（こんぱく）」という熟語で「魄」とセットで言いますが、これは「白」い骨に残る何者かも想定していたということでしょう。中国の道教では、魂は精神を支える気、魄は肉体を支える気を指し、合わせて魂魄だと解釈しました。やがて魂と魄は易の思想とも結びついて、魂は陽に属して天に帰し（魂銷（こんしょう））、魄は陰に属して地に帰すと考えられました。

いずれにしても、そうした古代的な宗教観が、我々の執り行なう宗教儀礼にも反映されています。たとえば今でも、ご遺体の上には小さな刀を置きますよね。よく「獣除け」「魔除け」などとも言われますが、そうではなく、あれは死の自覚を持てない死者自身の魂が、体に戻ろうとするのを拒絶するためのものです。そして昔は、僧侶があの刀を抜き、額と繫がっている見えない糸を切ったとも言われます。いわば生への執着を断ち切って、「自由」への一歩を踏みだしてもらうのだと思います。

しかし此の世での自由と違って、知らない世界での自由は心許ないものです。しばらくはその辺を漂いながら、気になる場所に行ったりするのではないでしょうか。

『アミターバ』で私が描いたのは、そのときあらゆる時間と空間を自在に行き来できる様子です。そうして最終的に僧侶が葬儀を執行し、此の世に見切りをつけてもらう。禅の世界では「引導を渡す」と言いますが、此の世で生きてきた足跡を顕彰し、辛酸に共感し、最終的に納得まではいかなくともある種の諦念をもって一歩を踏みだしてもらう。その背中を押すくらいが、私たち僧侶の仕事なのではないかと思います。

ここまでは、明らかに「魂のようなもの」を想定していますし、それも個性を保ったものとして扱っていますね。ただ私は、以前に「新帰元」の話で触れたように、それはいずれある種の生命エネルギーに還元されて、エネルギーの本体（元気）に還るようなイメージを持っています。

大竹 よく「浄土へ往く」という言葉が使われますが、浄土に往くのは、果たして何なのでしょうか？

玄侑 浄土へ往くのは何か、と訊かれれば、出発するときは明らかに個性を持ったその人の「魂のようなもの」だと思いますが、到着するときは「娑婆（しゃば）の衣を脱ぎ棄てた」元気そのもののイメージですね。

そういったイメージを、参列者も含めて持っていただければ、「魂のようなもの」も「ほどけ」て「成仏」するのではないでしょうか。

いわゆる横死や頓死、自殺、夭折など、なかなか「ほどけ」にくそうなケースでは「引導」に苦労します。時には叱って送りだすこともあります。悔しくて叫ぶこともあります。しかし結局、死そのものはいずれ受け容れるしかありませんし、その際「時の経過」は非常に重要になります。

神道では**「荒魂」**と**「和魂」**という言葉を使いますが、時の経過と共にこちらが受け容れる気分になったとき、「魂のようなもの」はようやく「和魂」になって、我々を見守ってくれる存在になるのではないでしょうか。

私はなにも、「魂のようなもの」が実在すると申し上げているわけではありません。ただそれは、親しかった人との関係性のなかにリアルに立ち現れます。その姿を少しでも穏やかなものに変成するのが儀式の役目だと思います。常見でも断見でもなく、「わからない」ままに死に向き合ってきたらそういう思いに辿り着いたわけですが、むろんそれが正しいと申し上げる気はありません。「わからない」と思うからこそ、長年の間に祈りも込めて湧いてきたイメージなのです。

本当のことを言うと、「浄土」という言葉はなかなか素直には使えません。どうしても此の世を「穢土」と見る前提を思い浮かべてしまうからです。

親鸞聖人は「阿弥陀仏とは自然のことなり」とおっしゃっていますが、やはり「ほどけ」

て自然に還る、というほうがしっくり来ますね。

大竹 うぅむ。奇妙な言い方になりそうですが、「魂」にこのような「由来」があったのですね。理解不足があるかもしれないので、さらなる質問を、三つほどしてもよろしいでしょうか。まずは、「魂」と「体」の関係についてです。

古代的な宗教観に見られる「魂」の由来が「ひとだま」や「骨」にあるということは、そもそも魂も体の一部だったのでしょうか。

玄侑 古来、「身（み）」から「魂」が抜けた状態を「からだ」と呼びました。十七世紀初めに編纂された『日葡辞書（にっぽ）』の「Carada」の項目には、現在の「身体」の意味が「卑語」として使われはじめたと記載されていますが、メインの意味は「死体」です。おそらく室町時代くらいまでは英語の「Body」と同じような使われ方だったのだと思います。

生きている、ということは「からだ」にきちんと「魂」が収まり、「身」として機能していることです。つまり、弥生の島の考え方が、古代日本的と言えるのかもしれませんね。おそらく「魂」の在り処（ありか）は弥生と同じように心臓と考えていたのではないでしょうか。「たまげる（魂消る）」とドキドキするじゃないですか。

大竹　確かに、「たまげる」のは心臓に悪いです(笑)。

「たましひ」の向かう場所「渾沌」と「浄土」の違い

大竹　ところで、「魂」が収まるとは、なかなか言い得て妙ですね。

　この「収まり」が執着に変化してしまうために「一喝(いっかつ)」が求められるのでしょうか。臨済宗の和尚さんたちの、ご葬儀での「喝!」の激しさは、体に戻ろうとする魂の糸を切るための「喝!」とも聞いています。だとすると、体の一部であった魂が切り離されて生命エネルギーに還元されるために、「喝」のけじめと、時間が必要になるのでしょうか。

　それにしても、「元気に還る」というメッセージは、玄妙ですが何やら懐かしく感じました。

玄侑　玄妙で懐かしい……。「玄妙」という言葉は『老子』に由来しますが、この「元気」は老荘思想的に言えば「渾沌」でしょうね。命の生まれる源、即ち「渾沌」に還ると思っていいいと思います。「渾沌」が陰陽の二気に分かれ、やがてあらゆる命が生じます。葬儀は人情を踏まえたうえで人情を絶する儀式ですから、一喝して個別性から渾沌、あるいは元気に還そうとするわけですが、そうは言いましても関係性次第では、時間がかかる場合があるということです。ただ、亡くなった本人は案外スーッと成仏しているんじゃないですか。問題は残って見送る人々でしょう。死はその両者の間に起こっている出来事だから厄介なのです。

大竹　「渾沌に還る」というメッセージには、少なからず難しさがありそうですね。一方で、「浄土」はわかりやすいように感じます。魂の暮らす国、という幸せなイメージを持ちやすいかと。

玄侑　「渾沌」というのはモノがさまざまな形をとる前の世界です。あらゆる命はそこから生まれ、そこへ還っていきます。しかし「浄土」は単に終着点であるだけで、いわば「逃げ場」のようなものでしょう。そこから生まれてくるわけではありません。一種のユートピアを求めるならそれでもいいかもしれませんが、私はやはり「穢土」をそのまま「浄土」にしなくてはならないのだと思うんです。

大竹　しかし現実社会の「穢土」とセットになった「浄土」が希求された時代もあったでしょう。

玄侑　確かに初めは「穢土」を遠離（おんり）して「浄土」へ往くことを願ったのだと思います。特に『方丈記』に描かれた平安末期の世相などは、そう思うのに充分だと思います。ただ『大無量寿経』によりますと、阿弥陀如来という方は、法蔵菩薩という名前で修行されていた時代、**「四十八の誓願」**を立てます。その十八番目に「南無阿弥陀仏と称えるすべての人を成仏させないうちは、自分も成仏しない」というのがあるのですが、これを浄土真宗では「本願」と呼んで最も重視します。そして法蔵菩薩は、想像もつかないほど長期にわたる修行の末、無事に成仏して阿弥陀の浄土が現出したことになっている。ということは、我々もすでに成仏が確約されていることになりませんか。もしも阿弥陀さんを信じて「南無阿弥陀仏」を称えれば、そういうことになるんです。

大竹さんは以前、そういう信仰の在り方を「安易」とおっしゃったような気がするのですが、これは相当に難しいことだと思いますよ。私なども信じきれず、無駄な抵抗ばかりしているような気がします。

しかしそこまで阿弥陀さまを信じ、お任せすることができれば、「穢土」はそのまま「浄土」になる。外的状況は何も変わらないのに、心次第で世界は一変する。これこそ「浄土」「穢土」の対立を超えた「浄土」なのでしょう。「今ここ」が「浄土」になるのだと思います。そうなれば、死後の心配は要りませんよ。

大竹　そうですね。死後の心配をするよりも、「今ここ」を「浄土」と思えるように日々を充実して生きることが大切なのでしょうね。そんな穏やかな気持ちで過ごすことができれば、自分の「たましひ」が死後も「渾沌」というか、大いなる自然のエネルギーの源に還る、という感覚が納得できる気がします。

第六章

人間の本性は善なのか？悪なのか？

親鸞聖人の「悪人正機説」の真意とは？

大竹　人間の死後への不安は、その人が生きているときの心持ち次第ということであれば、人間の本性についてご教示願います。
「善人なほもて往生をとぐ。いはんや悪人をや」という、なかなか衝撃的な教えを説いた親鸞聖人の「悪人正機説」について、和尚さまはどのように思われますか？

玄侑　親鸞聖人という方は、確かに日本仏教のなかでも特異な存在だと思います。比叡山で二十年も修行しながら、自らを「煩悩熾盛」の凡夫と認識するのです。特に性欲の制御について、親鸞は正直に難しいと感じていたのでしょうし、当時の僧侶たちの状況にも欺瞞を感じていたのではないでしょうか。
親鸞に大きな転機を与えたのは、比叡山を下りる前に参籠した六角堂での体験です。百日の参籠の九十五日目に、観音さまが聖徳太子になって現れたのですが、そのとき「女犯があっても極楽へ導く」とのお告げを受けます。またお前の求める教えは吉水（京都・安養寺）の法然のところにある、とも告げられます。親鸞はその後、清僧（肉食妻帯などの破戒を犯さない僧）である法然の弟子になりますが、自らは法然と同じように念仏を深めながらも、師匠とは別な生き方をしていきます。つまり重要な戒律である「不淫戒」を犯して結婚し、七人の子どもも設けるのです。「非僧非俗」と自称しました。

だから「悪人」というのは、親鸞にとっては誰よりまず自分なんです。そして非常に興味深いのは、先ほどの法蔵菩薩の本願を信じるなら、その救済の対象は、なにより自分のような「凡夫」であるはずだと確信するのです。それが「善人なほもて往生をとぐ。いはんや悪人をや」の主旨だと思います。善人と呼ばれる中心は、自分で努力してなんとか悟りたい、極楽往生したいと考えて修行している人々でしょうね。

ただ「悪人正機説」は、親鸞の独創ではなく、法然上人も同様のことを言っています。しかし法然は比叡山で「智慧第一の法然房」とまで言われた方ですから、少なくとも自分は「専修念仏」で「善人」になろうとした。そこが親鸞の場合とはまったく違うんですね。親鸞はいわば諦念が深いというのでしょうか。しかし私は、弟子のそんな在り方も認めた法然こそ、本当に寛容だし凄いと思います。

親鸞聖人の言葉を弟子がまとめた『**歎異抄**（たんにしょう）』には、聖人の一途さが感じられる次のような言葉が採録されています。「親鸞にをきては、ただ念仏して弥陀にたすけられ参らすべしと、よき人（法然）の仰せを蒙（こうむ）りて、信ずるよりほかに別の子細なきなり」、ここまではまぁ師弟関係ですからあり得る言葉ですが、そのあとが凄いんです。「念仏はまことに浄土に生まるゝたねにてやはんべるらん。また地獄におつべき業にてやはんべるらん。総じてもて存知せざるなり。たとひ法然聖人にすかされ参らせて、念仏して、地獄におちたりとも、更に後悔すべからず候」。

もし師匠である法然が自分を瞞（だま）していて、念仏してそのために地獄へ行ったとしても、後悔はしないというんです。浄土に行くか地獄に行くかわからないけど、とにかく「よき人」が勧めるから無条件にそうするっていうんです。ここまで深い「信」は尋常ではないですよね。自分は「悪人」だし「凡夫」ですから、師匠の言葉を疑うこともないし、法蔵菩薩の本願も疑わないということでしょう。

阿弥陀さんは法蔵菩薩の時代、「五劫（ごこう）」（計り知れないほどの長い時間）もの長きにわたって衆生救済について考えを巡らし、ついに四十八の誓願を立てたというのですが、『歎異抄』には次のような親鸞の言葉も出て来ます。「弥陀の五劫思惟（しゆい）の願をよくよく案ずれば、ひとへに親鸞一人がためなりけり」。法蔵菩薩が五劫ものあいだ考え抜いた四十八の誓願は、ひとえにこの自分一人のためだった、というんですよ。これって驚くべき認識だと思いませんか。

しかし深い宗教的な体験というのはおよそそういうものだと思いますよ。

この「一人」はそのまま何の障碍(しょうがい)もなく法然に繋がりますし、善導大師(ぜんどう)にも繋がり、そして自我の壁に全く邪魔されずそのまま阿弥陀さんにまで繋がるわけです。いわば自我の壁も底も抜けた状態とでも言いますか、完全な「あなたまかせ」状態ですね。知的であればあるほど、こういった「あなたまかせ」は難しいと思いますが、大竹さんはどうですか？

大竹　はい……。難しいですね。そこまで何かを信じ、任せ切ることは、なかなかできないことだと思います。

モヤモヤをぶちまけるようで恐縮ですが、親鸞さんは、法然上人を「よき人」と認めているのですよね。自分だったら、その「よき人」に倣おうとするでしょう。でも、自分は悪人であると断定する。人間を教えによって成長させる、という見込みは閉ざされてしまっているのでしょうか。同じように本性を「悪」と表現している**荀子**(じゅんし)の性悪説でしたら、スッキリ消化できるのですが……。

玄侑　「性悪説」と「性善説」で言えば、**仏教は間違いなく「性善説」**です。『大乗起信論』の「自性清浄心(じしょうしょうじょうしん)」という考え方、あるいは「光明蔵」「如来蔵」といった考え方が「華厳思想」に流れ込み、それが仏教各宗に浸透しているからです。

この「**華厳思想**」というのは本当に凄い思想で、すべてが「雑華(ぞうけ)」として世界を「厳飾(ごんじき)」、つまり飾っていて、そこに毘盧遮那仏(びるしゃなぶつ)から光明が差しているというんです。影のない光の世界ですね。鈴木大拙(だいせつ)博士は『華厳の研究』という本のなかで、「雑華厳飾」の「雑華」を「普通の花」と訳しました。此の世的な価値観では出来不出来もいろいろあるでしょうが、みんな「普通」なんです。「雑」といえば反対語の「純」が浮かぶかもしれませんが、その区別もない。序列もなく評価もなく、みんな「雑」だしみんな「普通」なんです。しかもすべては「重重無尽」に繋がっていて連動するし、それでいながら独立しています。以前申し上げた「インダラ網」ですね。これは此の世的な価値観では理解しにくいことですが、親鸞聖人はそういうところから此の世を眺めているような気がします。

大竹さんの台詞のなかに「よき人」に倣う、あるいは「教えによって成長する」という言葉がありましたが、これがいわば教育を支えていることは確かです。しかし今の世の中では、逆に「定型発達」という在り方が問題にもなっています。たとえば「コミュニケーション能力」などというものが重視され、英会話やPCを使う能力が当然のものとされるようになって、「ひきこもり」や「自閉症」がどんどん増えてきました。また遺伝子の研究が進んだことから、胎児の出生前診断までできるようになり、一種の優生思想が再び強まっていくのではないかと危惧されています。

教育というのは諸刃の剣ですよね。ある程度「定型」を示さないと教育は成り立たない。しかしその際の「善」なる「定型」は時代によってどんどん変わるものです。コロナ禍一つで人の世の道徳も変わりましたよね。ですから「定型」を求めすぎると教育も自分の首を絞めることになります。「みんな違ってみんないい」というなかで、果たしてどんな教育が成り立つのか、私はそのあたりに興味があります。

おそらく、ですが、親鸞さんが法然さんを呼ぶ場合の「よき人」というのは、善悪の「善き」人ではなくて、「日々是好日」の「好き日」、つまり降っても照っても「好き日」であるように、絶対的に揺らがない「好き人」なのではないでしょうか。師とはそういう存在なのだと思います。

一方、自分もみんなも煩悩があるし、「雑」だし、わかっちゃいるけどやめられないし、だから「悪人」だけど、ちゃんと救ってもらえると安心しています。阿弥陀さんのはからいで念仏にも出逢えたから、感謝のために念仏を称える、というのが親鸞聖人なのだと思いますよ。

法然一派は朝廷から迫害され、法然は讃岐、親鸞は越後に流刑になりますが、そうした過酷な境遇のなかで、彼らは揺るぎない信心を深めていったのではないでしょうか。

今の世の中は、どちらかといえば「性悪説」に傾斜していて、規制をどんどん増やしてそれでも安心できずにいます。韓非子と共に荀子に学んだ李斯は、始皇帝に仕え秦を法律だらけにした上に謀略を尽くし、結局、秦は中国統一後、十五年で滅びました。それからすると、親鸞聖人の教えの長生きぶりは驚異的です。人間の根本的な「性善」は信じつつ、「性懲りなさ」「愚かしさ」を嫌というほど実感していたのが親鸞聖人だったのだと思います。

しかも今でこそ法然の浄土宗と区別して親鸞の浄土真宗が立てられていますが、親鸞自身はあくまで法然の教えを継承し、「愚禿」と自称しながらその教えを説いていったのです。

個性を重視しすぎると辛くなる? 全体の繋がりと自分

大竹　みんな「雑」だしみんな「普通」。これはまた強烈なメッセージですね。それにしても、親鸞さんや法然さんのようなスーパー超人に、「みんな普通」と言われても、何やら釈然としないのですが……。揺るぎない信念を持った超人の「普通」と、私のような凡夫が思う「普通」は、違うのではないでしょうか。

現代の教育現場は、「みんな違って、みんないい」と言いながら、「特別な個人」という「定型」で人間を選り分けているように思います。だから、私たちは普通じゃない所を目指してしまうのではと考えましたが、いかがでしょうか。私個人としては、そのような「定型」に居心地の悪さを感じてしまうのですが……。

玄侑　それはやはり、教育の場面で使われてきた「個性（personality）」というものを信じてしまったせいではないでしょうか。「普通」じゃない、キラッと光るものを育てよう、というのが個性化教育ですよね。

もともと「個性」とか「個人（individual）」というのは、キリスト教の長い歴史のなかで、神と向き合うことで出来上がってきたものです。カトリックには「告解」という習慣があり、電話ボックスみたいな箱のなかで神さまに一年間の罪を告白します。実際は裏に司祭がいて聴いているわけですが、何が罪なのか、という細かい擦り合わせを通して近代的な自我というものが十二世紀くらいから徐々にできてきました。こうした個人がいて、ヒエラルキーがあって、それが社会を構成する、というのが西洋的な在り方ですよね。

しかし「華厳」的な見方をすると、個人というのは初めから単独では存在しません。「みんな」と一体なのです。「今ここ」の人の在り方は、全体との繋がりのなかに暫定的に現れているにすぎない。だから私だけが幸せ、というのはあり得ないんです。

あるいは日本的な「八百万（やおよろず）の神」に準（なぞら）えるとわかりやすいかもしれません。岩があってさまざまな木が生え、そこに川が流れて魚が泳ぎ、鳥も飛んでいます。それは全体として生態系を成しているわけですが、そのときたとえば木と魚を比べますか？　鳥と岩を比べますか？「華厳」の教えだと、全てが対等の命ですから、比べようがありません。みんな「雑」でみんな「普通」というのはそういうことです。みんなが「もちまえ（性）」を発揮しながら「布施」しあっています。命の射程を広げてみると、そういう見方ができると思います。

鳥だけを並べ、あるいは魚だけを並べるからそこにヒエラルキーのようなものが生まれる。ちなみに「ヒエラルキー」というのは、もともとキリスト教の支配構造を意味した言葉です。それが今や社会全体を覆ってしまい、それを突き抜ける「個性」をヒトも求められている。苦しいことですね。

大竹　個人というものは単独では存在せず、「みんな」と一体である。そして自分一人で幸せになることはない、ということですね。無自覚にも「個人」に固まりきっていた頭をガツンとやられました。「華厳」の思想は、個性を重視しすぎる現代社会において、是非、顧みてほしい思想ですね。

多様な仏教思想に影響を与えた「空」の思想

大竹　仏教には「華厳」の他にいくつか思想があるようですね。たとえば、「法華」の思想などです。華厳思想の現代的な意味や価値を知るためにも、まずは他の思想とはどのような違いがあるのか、ご教授くださいますか？

玄侑　私は仏教学者ではありませんから、それはずいぶん荷が重い要請ですが、あくまで私の体験的な理解と思ってお聞きください。また「思想」というと、社会思想や政治思想もあるわけですが、ここでは「生命」や「人間」に絞って考えてみたいと思います。

まず仏教全体に影響した大きな考え方としては**「空」**の思想があると思います。

これは主に「般若経典」の中心テーマで、**あらゆるモノには自性がない、すべては関係性のなかでの「無常」な出来事だという見方**です。たとえば「赤い花」があったとしても、犬には赤く見えていませんし、飛んできた蜂にもそうは見えていません。しかも「花」という名付けゆえに人間は「花」だけを切り分けますが、それは命の実体にそぐわないのかもしれない。自性がないもの同士ゆえにさまざまに関係しあい、変化しつづけているのがこの世界、というわけです。だから**人間のなかに芽生える感情**についても、あくまで**暫定的な出来事**と見ます。そのような見方が**本当の智慧**（＝**般若**）だというのが「**般若思想**」ですね。「般若経典」ではその智慧に到る方法論として**六つ**の「**波羅蜜多**」（実践法）も追求されます。他の仏教思想も、大乗仏教ではすべてこの思想を前提にしていると思っていいと思います。

特筆したいのは、『般若心経』などにもこの智慧を体現した「**観自在菩薩**」が出てきますが、これはサンスクリットの「アヴァローキテーシュヴァラ」の翻訳語です。翻訳者は玄奘三蔵ですね。そして「アヴァ」は英語で言えば「Away」で、次の「ローキタ」が「Look」、つまり「離れて見る」ことこそ真相を観るには肝要だと考えているんです。感情や価値判断を付着させない見方が「イーシュヴァラ」（＝自在）に通じるというのです。

価値判断をしない、と言いましたが、これは相当難しいことです。そこでわざわざ二元論を否定するため「**不二**」という考え方を提案するのが『**維摩経**』です。維摩という在家居士が病気になり、そこへ仏弟子たちや文殊菩薩までお見舞いに言って問答します。戒律の意味なども追求され、ドラマとして非常に面白いお経ですが、要は「**入不二法門**」、つまり、善悪、美醜、貴賤など、二元対立的な見方を離れることが最大のテーマだと思います。

『法華経』も「空」を前提にして説かれていますが、一つ大きな特徴は「**久遠の釈迦仏**」というイメージを提案したことでしょう。要するにクシナガラの林の中で、お釈迦さまは故郷のある北を枕に、**涅槃**に入られた（**入滅**された）とされますが、あれはじつは人々を油断させないための「方便」で、本当は死んでいないというのです。生きつづけている釈尊が「久遠の釈迦仏」で、こうした在り方を「**久遠実成**」と呼びます。

また『法華経』に出てくる「**授記**」というのも画期的です。仏教には多くの戒律があり、それを守ることで成仏できるとするなら、守れない人やすでに罪を犯してしまった人々は不安ですよね。悔い改めても間に合わないと絶望する人もいるでしょう。そういう人々に、「今生では無理でも、次の生、あるいはその次の生で必ず成仏する」と保証するのが「授記」です。そう思えたら、俄然、生きる勇気が湧いてくるのではないでしょうか。

仏教を学んだドイツ人は、ある種の生理学として受けとめたようですが、心理学の要素も入っている気がしますね。またエトムント・フッサールの現象学などは、どこか「空」の思想に通じるような気がします。

いわゆる仏教の「**三法印**（根本にある三つの思想）」とされる旗頭は「**諸行無常**、**諸法無我**、**涅槃寂静**」ですが、無常な変化と無限の関係性のなかで、独自の方法で欲望の火を鎮め、心の安寧を実現する。そう思えば、これはじつに実践的な思想、というより生き方の指針なのではないでしょうか。

また『華厳経』や『法華経』では、特に「**菩薩**」という生き方が強調されます。「**利他**」つまり隣人の救済を、「**自利**（自ら悟りを目指すこと）」と同時に進めていく、ということです。なかには「**自未得度、先度他**」（『大乗涅槃経』）などという表現もあり、自らが救われるまえに先ず他人を救済するという考え方もありますが、私は、これは心がけとしてはいいとしても、実際の行動指針にはならないと思います。泳げない人が溺れた人を救うことはできないでしょう。ただ他人の救済は常に自己救済のあと、と割り切るのも問題で、そうなると「利他」の機会はいつまでも来ないかもしれません。

菩薩としての力をつけるため、『華厳経』の最後には「**入法界品**（にゅうほっかいぼん）」という**善財童子**（ぜんざいどうじ）の旅が描かれます。最初は仏を憶念すること（念仏）から始まり、次には海雲比丘（かいうんびく）から大自然の深層とその調和について学び、次は海雲比丘に勧められた人に会いにいく、という形で次々と五十三人の師に就いてさまざまなことを学ぶのです。しかも、五十三人のなかには女神も含めた女性が二十人もいて、いわゆる外道や遊女、職人やカーストの低いドラヴィダ人医師なども含まれています。とにかくこの善財童子、心が素直で柔軟だし、誰にでも学んでこの旅を続けようという堅い意思がある。それこそ「**菩提心**」なのでしょうし、思えば人生の旅路って、そういうもんじゃないでしょうか。私はこの「入法界品」を読み返すたびに励まされるんです。

大竹さんは今、思想の違い、というふうに訊かれましたが、私のなかでは多くの思想が補完し合いながら行動指針としてはなんとなくまとまっているんです。

長々と答えましたが、もしかしたら答えになっていないかもしれませんね。

この世を四つに分けて捉える「華厳」の世界観

大竹　「般若」に「維摩」に「法華」、そして「華厳」。まさに仏教は宇宙のごとき世界ですね。実に壮大です。「関係」というキーワードは、仏教以外の思想でも鍵になると思います。

さて、この「一切は関係のなか」という教えをよりビジュアル化させた思想が、先ほどお話しいただいた「華厳思想」なのでしょうか？　というのも、「インダラ網」は、「空」が示す関係の在り様を可視化しているのでは？　と思ったからです。

玄侑　『**華厳経**』を元に**華厳宗**という学派ができるのですが、その中心テーマはおっしゃるように「重重無尽」の「**縁起**」です。インダラ網のイメージも大きく寄与していると思います。すべての関係性の中心に存在する仏は**毘盧遮那仏**で、梵語ではヴァイローチャナ・ブッダと呼ばれますが、**「太陽の輝きの仏」**という意味です。この光があらゆる衆生を照らして衆生は光に満たされ、同時に毘盧遮那の宇宙は光り輝く衆生で満たされています。この関係を**「一即一切、一切即一」**と言います。

ただここで注意すべきなのは、あらゆる衆生を隈なく照らす、ということは、この世では不可能だということです。光があれば必ず影ができますが、これはその影がない世界なのです。つまり**「法界」**と呼ばれる霊的に目覚めたあとの世界と考えるべきです。

そして「華厳」の世界観では、この世界を四通りの方法で見ています。**「事法界」**、**「理法界」**、**「理事無礙法界」**、そして**「事事無礙法界」**です。**「事」**というのは感受される具体的な物事、**「理」**というのは具体物を通貫する道理や理念です。経典では主にすべてが本質的に**「空」**であるという真相のこと、つまりあらゆるものに自性がなく、関係性のなかで常に変化しながら存在していることを言うことが多いですね。事法界や理法界は「色」と「空」という見方にも対応しますから、**「色即是空、空即是色」**がわかれば「理事無礙法界」もわかるでしょう。

ところが『華厳経』では、さらに具体的な物事どうしも妨げ合うことなく溶け合っている世界があると言うのですが、それが「事事無礙法界」です。

我他彼此（ガタピシ）と啀み合う世界に生きる我々には信じられないことですが、毘盧遮那仏に見えている世界では**個我という悩ましい枠組みまでなくなる**らしいのです。

昭和二十一年、戦後まもない頃に、かの鈴木大拙博士は昭和天皇皇后両陛下に「御進講」に招かれて仏教の話をしたのですが、後にその内容が加筆・修正されて『仏教の大意』（法蔵館／角川ソフィア文庫）として出版されます。内容は主に「華厳」についてだったのですが、そのなかでこんなことを言っています。

「理事無礙としての法界は哲学者にも神学者にも略々通ずると思われるが、事事無礙の法界は彼らの未だ到り得ざるところであると信ずる」

これは哲学者としては聞き捨てならないんじゃないですか。

哲学者の意地はともかく、いったい何が「事事無礙法界」を可能にしていると思いますか？

大竹　それについては……見せられる意地もないほどに「わからない」ところなのです。大学の恩師から華厳を学びましたが、「事事無礙法界」どころか、「理法界」でつまずいている始末です。

とはいえ、和尚さまの問いかけに、久しぶりに熱くなりました。少しホコリをかぶっていた「華厳」についての本を読み返しました。「事事無礙法界」は「一度死んで蘇った世界」と説明されています。死ぬ前の私たちは「関係」のなかにあるとすれば、死んで蘇った世界は「関係を超えた」世界なのでしょうか。だとすると、事法界から理法界、理事無礙法界を介して事事無礙法界まで貫通しているものは「関係」なのでは……、と推測します。

西洋哲学とは異なる仏教の「心」の捉え方

玄侑　苦闘の甲斐あって、いいところに出たようですね。

『**伝燈録**』に出てくる言葉ですが、「心随万境転　転処実能幽（心は万境に随って転ず、転処実に能く幽なり）」。このあとには「随流認得性　無喜亦無憂（流れに随って性を認得すれば、喜も無く亦た憂も無し」と続きます。

この「心」の捉え方が、西洋とずいぶん違うと思いませんか。西洋では、特にデカルトの「我思う、故に我あり」以後、自己というものが自立的で能動的なものとして考えられるようになりました。いわば環境に左右されないものとして求められていったわけです。

ところがここでは、心は万境に随っていかようにも転ずる、なんと深遠なものだろう、というんです。つまり鏡のようなものですね。もともと心は無心で、目の前に現れた物や現象

（境）に応じてそのつど創られます。それが喜怒哀楽になるわけですが、無心であればそのつど跡形なく消えてしまいます。だから「性」、つまり「もちまえ」の心には、どんな感情もないからどんな感情でも持てるというんです。

「境」とは、固有環境だけでなく、すべての認識対象を意味しますから、これがなくなることはありません。そうである以上、無心というのは何も思わないわけではなく、思ったことを抱え込まない、居着かせないということですね。それが「流れに随って性を認得すれば、喜も無く亦た憂も無し」となります。喜怒哀楽はあるんですが、それは「性」ではない、居着かないということです。

心をそういうものと捉えると、何の汚れもない澄みきった鏡には、相手の心がそのまま映ると思いませんか。しかもそうなった心は妨げなく相手の心に直接繋がります。それが事事無礙法界でしょう。大拙先生は「華厳の事事無礙法界を動かしている力は大悲心に外ならぬのです」（『仏教の大意』）とおっしゃっています。

大悲心という言葉はあまり聞かないかもしれませんが、**「悲」はサンスクリットで「カルナー」**といい、相手の悲しみに同化する能力のことです。通常は、**「慈」（マイトリー＝衆生に楽を与えようという心性）と組み合わせ、「慈悲」**と言うことが多いですが、大乗仏教ではむしろ「悲」のほうを強調して「大悲心」と言います。

カミュの『ペスト』で、リウーの母親が病床のタルーに示した sympathie（「共に苦しみを感じる」）も同じ心ではないでしょうか。大拙先生は同書で、「大悲心の故で、人間の個我（または個己）はその限界を打破して他の多くの個我と偏容摂入することが出来る」とおっしゃっています。

興味深いのは、この大悲心が、西洋的な自己の溶解によって発露するものと考えられていることです。大竹さんがさっきおっしゃった「一度死んで蘇った世界」というのはそういうことだと思います。大拙先生に言わせれば、それは**「霊性の目覚め」**以後ということでしょうか。

西洋では、極力、環境に依拠しない自己を想定し、それを personality と呼んだりしますよね。「個性」と訳されましたが、「神さまの欠片（ペルソナ）」を含んでいますから、これは原理上どんな環境でもある程度一定に保たれると考えられます。だからどうしてもこれが個我と個我の間に立ちはだかって障碍になるのです。

事事無礙法界には、哲学者や神学者は到り得ないとする大拙先生のお言葉の真意を、私が勝手に推測してみたのですが、納得いただけたでしょうか。

大竹　なるほど。事事無礙法界とは、己が他と溶け合えるぐらい自我を失わない限り理解できない（達せられない）境地だということですね。西洋哲学は「絶対確実なものは何か？」から始まります。その体系の内にある「自我」もまた、他者や世界によって転じる自我でもなければ、ましてや消え去ってしまうようなものではありません。大拙先生の発言も、宜なるかなですね。

しかし、西洋哲学と仏教の違いを考えるにあたって重要なヒントが二つありました。

一つは、「無心が何も思わないことではない」ということです。思ったことを居着かせないということは、「無心」という状態すらも変化し得るということですね。

もう一つは、「大悲心」です。他者の苦しみを共有することは、「共苦」に繋がるのではないでしょうか？　たとえ「自己と他者の溶解」が理解できなくても、身体的な痛みや苦しみを共有することは、誰にも「共苦」があることを証明していると思います。

「理事無礙法界」と「事事無礙法界」はどう違うのか？

大竹　「事事無礙法界」が他者と溶け合う世界とするならば、逆に「理事無礙法界」とはどのような状態なのでしょうか？

玄侑　先にも申し上げましたが、「理」とはこの場合、その物事に自性がない、無常なる縁起のなかで実相が「空」であることを意味します。我々が普通に感覚器を通じて「**色**」として**認識する世界が「事法界」**、それらが「**空」であることに気づくのが「理法界」**ですが、**「空」でありながら間違いなく「色」としても存在している、両方の視点から一つの事象を矛盾なく眺められるのが「理事無礙法界」**ということになります

大竹　「空」でありながら、「色」である。つまり一つの状況も異なる二つの視点から捉え得るということでしょうか?

玄侑　はい。西洋の近代哲学にそうした見方があるかどうかはわかりませんが、少なくとも**量子力学では「粒子」と「波」**という二つの見方を示しましたよね。

原理的なことを申し上げれば、「理」というのはなにも「空」であることには限りません。具体物に名前を付けたこともそうですし、我々人類が言葉をもったことも音楽をもったことも「理事無礙法界」のおかげです。要するに、多くの具体物に「同じ」や「近似」した「理」を見出して、それを「花」と呼んだり「愛」と言ったり「希望」と名付けたりしたわけですよね。また音楽の場合は、「同じ」音程で音階をつくり、似ているけど違う音階とし

て「倍音」を発見した。それでオクターブというものができて、音楽も成立していったのではないでしょうか。ネアンデルタール人など旧人には言葉も音楽もなかったとされますが、それは「事法界」だけの世界ですから、「同じ」で括ることができず、すべて個別に向き合ったのでしょう。脳の容積はむしろ旧人のほうが大きかったようですから、ホモ・サピエンスは「理事無礙法界」を理解することで脳の仕事を省力化したのだと思います。

そして四番目の「事事無礙法界」というのは、極端な言い方をすれば、私とあなたの間に何の妨げもない、個物どうしが相即相入するというのですから、これはただ事ではありません。もしも大竹さんが今おっしゃったように、自我が「他者や世界によって転じるものでもなければ、ましてや消え去ってしまうようなものでもない」と考えるなら、「事事無礙」などという事態は自我が邪魔して絶対起こり得ないことになります。

『華厳経』が描くのは法界の様子、つまり毘盧遮那仏の世界ですから、我々凡夫には無理だと思うことは可能ですが、それでは面白くありません。わざわざ「入法界品」という菩薩道の手引きまであるわけですから、柔軟に、しかも積極果敢に師を求めて学びつづけるべきではないでしょうか。

「大悲心」や「事事無礙法界」は決して夢物語ではないはずです。

そういえば、近年発見されたミラーニューロンも、嬉しい発見でしたね。たとえば人が川に落ちるのを見たとき、見た人の脳内に実際に川に落ちた本人と同じような反応が起こるそうです。冷たい、怖い、苦しい、というような反応が、まるで鏡に映したように起きる。ミラーニューロンは人間のほか、猿にもあるらしいですが、これなど「事事無礙」への確かな可能性を示すものではないでしょうか。

西洋哲学と仏教では異なる「自己」の概念

玄侑　ところで先ほどの**自己**についての考え方ですが、「華厳」が徹底して縁起、いわば関係性や環境のなかで受け身的に捉えるのに対して、西洋の近代以後の哲学ではあくまでも**環境と切り離した固有で能動的な主体**として捉えているような気がします。

管見ですが、どうもこれが今の環境問題の根っこにあるような気がするのです。つまり、西洋の人々にとって自己は環境に依存していませんから、自然環境は自由に使用したりコントロールしたり、時には破壊してもいいという考え方になってしまったのではないでしょうか。

むろん今や、日本人もその考え方の影響を大きく受けています。「個性を伸ばす」という教育目標を掲げた時点で、これはもう「西洋的自己」を想定しはじめたのだと思います。

しかし遥かな記憶を辿ると、西欧もギリシャ時代にはもっと違っていたような気がします。確かアリストテレスには『トポス論』があったと思うのですが、彼らは人間と「場（トポス）」の関係を、どんなふうに捉えていたのでしょうか。

大竹　和尚さまのお話に現象（境）という言葉が出てきました。現象や万境や環境という言葉は、「場所」を連想させます。

西洋哲学の葛藤は、この「場所」論を通覧すると様子が摑めるかと思います。哲学上では、「場所（locus）」と似て非なる言葉があります。「空間（spatium）」です。最大の相違は、「空間」は概念であり、「場所」は「抽象化」以前の具体性をもったものであるという点です。「万学の祖」とされるアリストテレスは、「場所」を空間化しないまま、つまり物理的性質から切り離さないまま思考しています。アリストテレスのこの「場所」論は、まさに言葉通り、彼に続く哲学者たちの叩き台となっていきます。

やがてライプニッツやカントが登場し、「場所」と「空間」の双方に「抽象化」が忍び込むようになります。哲学の近代化には「抽象化」が欠かせません。「抽象化」以前の「場所」は「動くもの」によって説明されます。これらの性質は、近代以前の「当てにならないもの」と見下されます。「空間」の性質には、「動かない」「変化しない」が挙げられます。

この性質は西洋哲学を貫くものでして、「自我」にも当然、要求されています。

葛藤というのは続くもので、現代哲学では、「動く」ということが見直されています。再び哲学でも、「運動」がテーマとなってきています。仏教的な「変化」の思考を取り入れていこうという野心にも繋がっていると思います。たとえば、現代哲学のテーマの一つである「生成」という概念と、『古事記』に見られる「生成（ウマシアシカビの力）」との親和性も指摘されています。

神と人間の「葛藤」が根本にある西洋哲学

大竹　さて、「葛藤」という言葉を使ったのには理由があります。思考にも人間にも、葛藤がエネルギーになる、と考えているからです。

玄侑　「西洋哲学の葛藤」とおっしゃいましたが、葛藤の始まりはやっぱり、神と人間との関係確立ではないでしょうか。デカルトは、「我思う、故に我あり」で、神から独立した自己を確立させたかに見えますが、「人間は不完全なのに完全なものを求めようとする。それはなぜか」と自問し、結局それは「完全を知っている神が生得的なものとして教えてくれたからだ」と考えました。いわゆる生得観念ですが、人間の自由は認めながら、肝腎な部分で神に依存しています。

一方、ライプニッツは自然を分析し、「モナド」という物質の最小単位を想定しましたが、たとえば花と鳥では別々なモナドで構成されていると考え、それぞれ神がプログラミングしているとおりに振る舞うので、美しく調和しているのだと考えました。ここでも神の存在に大きく依存しており、「場所」の影響どころではありません。神が「場所」を問わない存在であることが響いているような気がします。

そこへいくと、カントが面白いのは、「人間は空間と時間を先験的（ア・プリオリ）に理解している」と述べています。また、人間の認識方法を「感性」と「悟性（知性）」の二つに分けたうえで、我々は対象物（object）そのものを見ているのではなく、その両者が提供する「認識の枠」で捉えた現象（phenomenon）を見たり聞いたりしているに過ぎないと、『純粋理性批判』に書いています。つまり、鳥を見たから鳥と認識したのではなく、鳥と認識したから鳥に「なった」ということです。自分でも「コペルニクス的転回」と言っていますが、これはまさに仏教の「空」に近い認識だと思います。

こうしてカント以後、西洋でも物事を「空」という「理」で理解することは可能になったのでしょう。これは仏教的認識でもありますが、現代の大脳生理学が導いた研究成果にも合致します。ですから大拙先生も、「理事無礙法界」までは哲学者も理解しているとおっしゃったのでしょう。

「事事無礙法界」の根底にある心の在り方

玄侑　しかし「事事無礙法界」となると、個我どうしの境界が大悲心で溶けた状態です。これはもはや認識をどう変えるか、という問題ではありません。

朝顔や釣瓶（つるべ）とられて貰（もら）ひ水

この句は加賀の千代女という江戸時代後半の女性の作ですが、大拙先生は「天地創造以前の俳句」だと絶賛しています。どう思われますか？

ここには間違いなく大悲心が発動していますよね。釣瓶で井戸から水を汲み上げようとしたら、そこに朝顔の蔓（つる）が絡み、きっと花もたくさん咲いていたのでしょう。とても水は汲めそうにないので貰い水に行く、迷いのないその行動に「事事無礙法界」が現成しているのではないでしょうか。天地創造以前というのは、渾沌たる「一」が天地という二元に分かれる前、つまり分別が始まる前、ということですね。

同じ千代女の句にこんなのもあります。

　　菊の香や流れて草の上までも

ここでは菊の香りがあらゆる草たちを包み込んでしまいます。

むろん、これは西洋人にだって起こることですし、その場合大拙先生は「神の栄光」とか、やはり「天地創造以前」などとおっしゃっています。ただ残念ながら、西洋哲学ではこうした心の在り方が理論化されていない、というだけのことなのです。

「動く」と「動かない」、あるいは「変化する」と「変化しない」ことについての仏教的レトリックをご紹介しましょう。仏教では、「大地」と「天空」のもつ力を、**「地蔵」**と**「虚空蔵（こくぞう）」**で象徴します。「場所」と「空間」に言い換えることも可能かもしれません。

そして「地蔵」とは大地のもつ生産性ですが、別な見方をすれば「変わらない」「動かない」と見えながら何でも生みだして変化させてしまう力です。一方の「虚空蔵」は、虚空つまり天空が、「変わりつづけている」「動きつづけている」と見えながら、総体としては常に変わらないという在り方の象徴です。共に胎蔵界曼荼羅に属する菩薩ですが、これは両方ともお釈迦さまや人間のもつ能力の象徴なんです。

先ほどおっしゃったように、「生成」のさまざまな在り方がここで尽くされているのだと思います。「生成」というのは、古代ギリシャの「ピュシス」にも近いですが、和語で言いますと「なる」ですよね。ウマシアシカビヒコジの神は、最初の三神が現れたあと、葦が泥の中から芽生えて「なった」ように現れた神でしょう。丸山真男先生が『古事記』と『日本書紀』を調べて、最も頻出する言葉が「なる」だったそうですが、場所が変われば別な仕事をする別なものに「なる」。人も仏に「なる」し、花が咲けば実が「なる」。鬼にも「なる」し、仏にも「なる」。どうやらこの「なる」という言葉に、葛藤を力に変える仕組みもありそうですね。

大竹 私の理解が十分ではないと思いますが、矛盾し合うものが矛盾なく作用し合う世界。葛藤が全て溶解し、神も人も仏もなくなった世界。これが事事無礙の世界でしょうか。だとすると、そこにある一切は「ある」のではなく、「なる」。こんなふうに考えました。さらに展開すると、神は「ある」もので、仏は「なる」ものとも言えそうですね。

玄侑　事事無礙の世界には、まだ矛盾も葛藤もないのだと思いますよ。ただエネルギーの根源としての神と「渾沌」を比べますと、「渾沌」の内部では常に陰陽の鬩(せめ)ぎ合いが発生しています。いわゆる「太極図」ですが、これが「元気」の源です。つまり葛藤がエネルギーを産みだしているわけです。ここから全てが「なる」ことになりますから、東洋には創造主としての神は要らないのです。その意味で西洋の神は、おっしゃるように初めから「ある」のかもしれませんね。

第七章

東洋の「気」と西洋哲学の関係を考える

時間と空間を超えて万物を繋ぐ「気」の発見

玄侑　ところで「陰陽二気」という言い方をするのですが、陰も陽も同じ「気」です。これが時とともに変化して四季の移ろいになります。夏には陽気が強くなり、冬には陰の気が増長します。また場所によっても「気」は変化します。

　私は、**時間と空間を貫きながら変化しつづけるこの「気」を発見したことが、東洋あるいは「華厳」哲学の背景にある最大の強み**だと思うんです。

　人間のなかの「気」の様子は「気持ち」とか「気分」「気ごころ」などと言いますが、「気」は山川草木の全てを遍く繋いでいます。「華厳」の「光明遍照」も、光として考えるとどうしても影を思い浮かべてしまうのですが、「気」ならばそれも可能ではないでしょうか。

　ご承知かと思いますが、漢方（中医）では生命を気血の流れとして捉えます。そして気に働きかけて生命全体を活性化する考え方が「気功」ですが、たとえば両手を中空に翳し、十メートル以上離れた場所で相手も両手を翳します。そして「気功師」は「気を合わせ」、「気を送る」のですが、このとき気功師の掌の温度が上昇します。そして「同時に」相手の掌の温度も上昇する。不思議なのは、両者の温度の上昇曲線は寸分の狂いもなくピタリと重なるのです。つまり、「気」は空気中を伝わったのではないということですよね。空気中なら必ず熱量の一部は放散し、被験者のほうの上昇曲線はやや緩めになるはずでしょう。ところが両者には全くズレがないんです。

これがどこを通ったのかは、ここでは追求しませんが、ともかくこの「気」を発見したことで古代の中国人は非常に総合的な見方が可能になったのだと思います。目には見えないけれど、確実に命あるものを生かしめ、繋いでいる。源は宇宙根源の「元気」だとしても、それぞれが陰陽でいわば自家発電しているわけですから、神に注入してもらう必要もありません。創造の神からは独立しながら、お互いどうしは「気」でしっかり繋がり合っている、そういう世界観が可能になったのではないでしょうか。そこではおっしゃるようにお互いの流通で「なる」が日常的に起こります。

『華厳経』の示す浄土は**「蓮華蔵世界」**と言われますから、おそらく蓮の花を見て思いついたのでしょう。私も以前、『祝福』（筑摩書房）という本で無数の蓮の写真から数十枚を選び、物語を書いたことがあるのですが、確かに蓮の花の内部って、光に満ちている気がするんです。ピンクに染まった空気にはどこにも影がなくて、「光明遍照」を感じました。

中国人はおそらくこの影のない「光明遍照」を、「気」によってすんなり理解したのではないでしょうか。陰と陽も予め決まっているわけではなくて、その時その場の状況で「なる」んです。最近ノーベル物理学賞を受賞して話題の「量子もつれ」なども、二つに分かれた「光子」のスピンの仕方が必ず逆になるわけですが、これも測定した途端に回転方向が決まり、同時にもう一方は逆向きに「なる」のだと思います。

カントは、「空間」に関する学問を「地理学」とし、「時間」に関する学問を「歴史学」としましたが、その分類に長く苦しんだのが当の地理学者たちで、地理を詳しく知ろうと思えば歴史的観点は外せません。そりゃあ過去の噴火や洪水などが現在の地形を作ってきたのですから当然ですよね。だから近頃は「歴史地理学」というのが生まれてきました。思えば人間の生活は、空間的に動きながら時間的経過を辿るもので、これは同時に起こっています。**時間と空間は分けられない**はずなんです。

これを無理やり分けた西洋と、**「気」の離合集散**として統一的に捉えた東洋の違いは大きいと思いますね。「縁起」は時間と空間の双方に関わる在り方です。

大竹　分節やカテゴリー化は西洋文化のお家芸ですね。アダムはあらゆる家畜や鳥や獣に名前を付けていますが、名付け以前にすでに動物たちが分類されているのは注目に値します。生物も種属科目で分類しますし、化学の周期表なども西洋の思考法の賜物だと思います。

「気」を身近に感じる方法とは？

大竹　和尚さまのお話でも度々登場している「元気」活気や運気など、他にもたくさん、「気」の付く言葉はあります。その一つに電気もあります。ところで、物理学には「電磁気」という範疇（はんちゅう）がありますが、電磁気学のおかげで、電気について何も知らない人でも電気を利用することができるようになりました。一方で、「気」を身近に感じる簡単な方法があれば知りたいのですが…。

玄侑　「気」はどなたでもいつでも実感できるものですよ。大竹さんも今、両掌を十センチほどの間隔で向き合わせ、それぞれの指はくっつかないほどに離してみてください。要するに脱力した自然な手の状態ですね。

そして目を閉じ、ゆっくり呼吸するのですが、その際に掌で呼吸しているつもりで、吐く息が長く深く滑らかに両掌から出ていくと想って呼吸してみてください。意識の置きどころに「気」は集まりますから、掌に意識を集中してください。これをしばらく続けると、両掌の間になにか存在感を感じるはずです。また温熱感も感じると思います。そして誰かがその両掌の間に手を差し込んだら、その人の掌も温かくなります。

こうした「気」を科学する試みは、二十世紀の末から非常に盛んです。一九七七年にはすでに上海で、低周波の遠赤外線などとしての測定がなされていますし、電気的な測定によって経絡をレーダーチャート化することもほどなく可能になりました。実際、私が若い頃にお世話になった鍼灸師は、ツボ（経穴）を正確に探す機械を使っていましたよ。ツボに金属の棒が触れると、棒の先端が赤く光るんです。そこに鍼を打てば間違いなく気の流れが改善するわけですね。

また「気」は、微弱な光なのではないかと考える人々もいます。東北大学の稲葉文男工学博士は、「フォトン・プロジェクト」という研究で、あらゆる生命体は「バイオフォトン」という微弱な光を出しているということを、実際に撮影して証明しました。発芽するもやしが出す光など、ちょっと感動的ですよ。そしてこれが「気」の正体だと思う人々もいるんです。しかし思えばイエス・キリスト像には光輪が描かれますし、仏像にも光背が付きものですよね。もしかすると、イエスや仏陀は、気を最大限に活かせる人だったのかもしれませんね。

バイブル（新約聖書）にも「ルカ伝」第五章に、イエスの許に中風を病んだ人が運び込まれ、即座に治してしまった奇跡が描かれますが、これなども「手当て」による気功治療ではなかったかと思います。「汝に告ぐ、起きよ、床を担ぎ家に往け」とイエスが言うと起きて帰ったというんですから。

いずれにしても、「気」は今や間違いなく学問の対象ですよ。大竹さんの母校である東大でも、一九八九年に「気の世界」という公開講座を大々的に行なっています。じつに総合的なアプローチで、中国思想史や仏教学をはじめ、運動生理学やスポーツ科学、気象学、精神医学、大気光物理学、心身医学、電気機械工学など、多くの専門家が「気」の観点から発表を行なっています。

ちょっと大袈裟な言い方をすると、デカルトによって身心二元論が成立しますが、これはキリスト教への抵抗のため、ある意味やむを得なかったと言えます。しかもそれによって産業革命が起こり、市民社会の誕生にも繋がった。しかし科学技術や市場経済が自然や人間をおびやかす現代に至って、ようやく身心を統一的に捉える「気」に注目が集まってきたのではないでしょうか。

実際、中国の「気」とほとんど同じものをインドでは「プラーナ」と言いますが、そうした伝統のあるインドや中国よりも、「気」はむしろ欧米で注目されました。私がベルギーやドイツに行ったときも、オリエンタルショップのような店があって、「気」とか「生気」などの漢字が表紙に躍っている本がたくさん売られていましたよ。

それはともかく、私は坐禅中なども、たとえば睡いときは呼気が眉間から出ていくと想います し、逆に興奮状態のときは丹田から出入りさせます。気の動きで、気分は間違いなく変わるからです。そうした観点を持てば、自分の悩みや苦しさに向き合うときの対処も、ずいぶん違ってくるのではないでしょうか。

問題は、人体の外側にある「気」ですよね。内側の気は、誰でも実際に感じられるし、ある程度コントロールもできると思いますが、外側はそこから演繹的に導かれた概念なのか、というと、そうでもないように思えるんです。「気」という漢字は、もともと古代中国人が山や川から立ちのぼる陽炎を象った文字ですから、それを実感できる人たちがいたのではないか。そんな気がするんです。

どうですか、両掌の間になにか感じましたか？

大竹　気は学問の対象になっていたのですね。東洋だけではなく西洋でも、連綿と続く学問になっていたとは驚きです。まさか母校の東京大学でも研究されていたとは！

「気」が「生気」であるとすれば、機械に気を流し込むことはできないのでしょうね。どれほど人工知能が発達しても、気はインストールできないのでしょうね。

「気」の所作について和尚さまから手ほどきを受けましたので、自分でやってみました。一週間だけですが、結果を報告させていただきます。

掌に意識を集中させると、汗が出てきてしまって、力んでいるようなんです。呼吸とともに熱を帯びてくるのですが、「気」の効果なのか緊張なのか、まだよくわかりません。試しに、家族に手を当ててみましたが、やはり筋肉のこわばりと汗を感じます。人間だから緊張するのか？　と思い、虫や草花ではどうかと試してみました。バッタを掌で包み込むようにしましたら、バッタはおとなしくなっていました。カマキリも同様です。掌を解放させると元気に飛び出して行きました。庭の梅や蜜柑の木に掌を当てると、熱の交換をしているような気分になりました。あくまでも気分ですが……。虫にも草花にも気は通じるのかな、と感じています。

玄侑　おお、素晴らしいじゃないですか。時間をかけて実験してくださったようで、ありがとうございます。でも、汗が出て、力んでいるという感じは、きっと脱力ができていないんでしょうね。脱力というのは、単に力を抜こうと思っても実現できないんです。たとえば細長いビニール風船があり、そこに水が満たされていると想ってください。その端っこを持てば、風船全体がピチピチに張り詰めるでしょう。つまり脱力とは反対の状況です。最も風船が緩むのは、その風船全体の重心を持ったときじゃないですか。気もそのとき最大限に放出されます。

それと同様に、全身の恰度（ちょうど）重心に当たる場所に意識を持っていくと、全身が脱力できて、気も満ちるんです。立っているときはいわゆる臍下（せいか）の一点、丹田の中心点ですね。そこに意識を置くんです。何かに凭（もた）れているときはその凭れている点や面に意識を置きます。意識の置き所が「気」を動かす前提ですね。椅子に坐っているときは座面に接しているお尻全体に意識を置きます。そうすると、全身の脱力が叶（かな）うんです。


それにしても、カマキリやバッタ、あるいは植物でも試してくださったとは、嬉しいですね。まさに事事無礙法界じゃないですか。


大竹　和尚さまから再度手ほどきいただきましたので気功を再挑戦しました。

丹田を意識してみようと思い、せっかくなので結跏趺坐（けっかふざ）でやってみました。掌の間の空気が体を循環するような感じがしました。

それにしても、カマキリやバッタとの触れ合いが、頭で理解できなかったことを突破させるなんて、びっくりです。

日常生活に溢れている「気」を表す言葉

玄侑　ちなみに「気」がどれほど我々の生活の内部に入り込んでいるか、ここで「気」がつく日本語表現を列挙しておきましょう。これは私がいま思い浮かべているわけではなく、東大で行なわれた公開講座「気の世界」で、ドイツ文学者の池内紀(おさむ)先生がされた「気で病む男たち」という講演からの引用です。

気になる、気にかかる、気にさわる、気がめいる、気がまぎれる、気を失う、気が乗る、気が向かない。

気に色がついて気色の悪い、気に味がついて気味が悪い、気に品がついて気品がある、気に運がついて気運がおこる、気に構えをつけて気構え、気に風をつけて気風が荒い、気の上に鋭いがついて鋭気を養う、気に語がついて語気を強める、気に血がついて血気にはやる、気に殺すがついて殺気がする、気に山がついて山っ気がある、あるいは気が重かったり、気が軽くなったり、気がとがめたり、気がもめたり。

他にも人気、短気、病気、勇気、産気、志気、陽気、酒気、乱痴気、天気、元気、才気。もう、気がなかったら何も語れないほど、気に溢(あふ)れていませんか？

大竹　おお……、確かにそうですね。ここまで「気」という文字が溢れていると、まさに「気」なくしてこの世界を語ることはできなくなりますね。「気」という文字についても、この文字を使ってきた人たちの世界観や文化を如実に表しているようです。

人名にも地名にも「気」がつくこともありますしね。高校で和気清麻呂(わけのきよまろ)、和気広虫について習ったときのことですが、「和気」ってかっこいい姓だな、と羨ましくなりました。地名だと、気仙(けせん)とか気比(けひ)などがありますね。

玄侑　大竹さんはまだ「科学的」に思えないかもしれませんが、東アジア独特のこの「気」の文化と、「山水」「風水」のほうに話を進めてもかまいませんか？

大竹　はい。ところでフランス語で「気」は「Qi」と表されていますね。「気功」は「Qi Gong」ですね。東アジアの「気」の文化への興味の高さが出版物から窺えます。東洋と西洋の思想のハイブリッドになり損ねた「分福茶釜」みたいな私ですが、「山水」「風水」の手ほどきを、是非お願いします。

玄侑　ああ、私、「分福茶釜」の話、好きですよ。茶釜にうまく化けきれなかったタヌキは、結局売られたくず鉄屋と仕合わせに暮らすじゃないですか。西洋哲学か、東洋の智慧か、と峻別して考えるとどっちにもなれない不幸と思うかもしれませんが、あらゆる叡智は人間が仕合わせに暮らすためにあるのですから、混在してもいいんじゃないですか。

じつは私の哲学の先生だった星清先生も、西洋哲学を学ばれた方ですが、ハイデッガーを経て禅に辿り着き、主に中世の「幻住派（げんじゅうは）」の禅を研究され、ご自身でも山梨県の向嶽寺（こうがくじ）などで坐禅をされていました。しかし晩年は、盤珪（ばんけい）禅師の本を机上に置きながら、ソクラテスやルターも学び直していらっしゃいましたよ。

「気」を世界に巡らせる「風水」の考え方が表現された山水画

玄侑　それはともかく、早速「山水」「風水」の基本的な考え方について話したいと思います。じつはこれ、間違いなく禅から派生した文化の一つです。

私はこれこそ今、見直されるべき世界観だと思うんです。宇宙根源のエネルギーである「元気」については以前申し上げたと思いますが、この「元気」をまず受けるのは高い山です。そして高山から水を伝って大地に浸透し、そこから人間も「地人相関」で気を受け取ります。

気の流れは「龍脈」と呼ばれますが、高山から流れ落ちた気がしばらく行くと滞ります。そこが「龍穴」ですね。恰度人体の経絡と経穴（ツボ）の関係ですが、その経穴に鍼を刺す要領で、そこに建物を建ててエネルギーを噴き出させるんです。これが『周礼』に始まる中国の都市計画理論、つまり「風水」です。

日本でも平城京や平安京を造る際の理論になっていますが、「風水」は都市計画ばかりじゃなく、お墓や家を建てる際の規範にもなっていきます。要は、住む場所によって人の気分も変わるし、佳い気の溢れる場所に住めば人間も大きく成長できる、という考え方です。当然、「縁起」の思想にも馴染みやすい考え方で、私は「華厳」の思想もこの「気」の文化あればこそ、中国や日本でスムースに広まったと思うんです。

宇宙根源の「元気」を、中国の一般モデルでは、北西部の峨々たる崑崙山脈がまず受けます。「崑崙」と「渾沌」の音通から、「崑崙」とはあらゆるものが生まれ、そこへ帰っていく場所とも考えられました。そして崑崙山脈から流れ落ちる水は、川へ流れ込み、やがて洞庭湖などに入ります。

坐禅山水図というものがあるのですが、これは山そのものを坐禅する人に見立て、水と共に気がスムースに流れ落ちるのを表現した絵です。途中で滞るのは良くないわけですね。ただ、沖積平野のような、平地に流れてきますと、どうしても勢いは弱まり、滞ります。そこを龍の腰あたりに見立て、「龍穴」と呼ぶんですが、漢方で気血の滞った場所に鍼を刺すように、そこに建物を建てることでそこから勢いよく気が湧き出すという理屈です。方位としては、西に崑崙が聳(そび)え、東も山になっている南面した窪地が最上とされました。京都の場合は西に愛宕(あたご)山、東に比叡山を控えて龍穴に当たる場所に天皇のいらっしゃる紫宸(ししん)殿が造られました。

陰陽(おんみょう)道で知られる安倍晴明(あべのせいめい)は『簠簋(ほき)内伝』という本のなかで、理想的な場所を「四神相応地」として次のように書いています。「東に清流あるを青龍といい、南に沢畔あるを朱雀といい、西に大道あるを白虎といい、北に高山あるを玄武という」。要するに東西南北すべてがある条件を満たせば四神に守られるということでしょう。龍穴は概ね馬蹄(ばてい)形の底と思えばいいですね。そして東から西へ向かってうねうねと清流が流れている。こんな所こそ天子が住むのに最適ですし、お墓にも家にも理想の土地です。ちなみに、そういう場所に建てた建物からは、東から昇って西へ沈む月が、まるごと見えることになります。

台湾では家の南側に池を造ることが多く、これを風水池と呼んでいます。そうなると、池に映った月影も楽しむことができますね。

しかもこれ、中国内部でのことばかりじゃなくて、東アジア全体が同じ龍脈で繋がっているという考え方もあるんです。崑崙山脈から下りた気脈は朝鮮半島の白頭山を通り、更に日本の白山へも通じていると考えられました。

むろん、それとは別に突発的に気が噴き出ると考えられた場所もあります。それはおそらく地下や海底などを通ってくるわけですが、孫悟空が生まれたとされる花果山や、東の海上にあるとされた蓬莱山ですね。

そんな考え方が一般化するなか、室町時代に中国から山水図が流入します。初めは牧谿や玉澗など、中国の禅僧の作品が珍重されたのですが、やがて明兆、如拙、周文など、日本人の禅僧も山水画を描きはじめます。しかし担い手はいずれも禅僧だったのです。

「風水」の発生は周の時代ですし、相当に古いわけですが、これが中世の禅の隆盛と共に「山水」の思想として絵画や造園に表現されていくわけです。

「風」も「水」も「気」を運ぶものです。「山」から「水」によって運ばれてくるのもじつは「気」です。いずれも、「気」の流れ、動き、繋がりが主題と言っていいかと思います。

「山水図」をよく見ますと、一瞬なにを描いているのか、と思うほど、人間の姿が小さいと思いませんか。ささやかでいとおしい存在として、描かれていると思います。西洋のポートレイトと違って、風景は単なる背景ではなく、むしろ主役ですよ。いや、風景というより、主役はやはり「気」の流れと繋がりですね。「気勢」とか「気韻」と表現します。

大竹　古くから中国や日本では「気」は、風水などの土木だけでなく、芸術や思想にも多大な影響を与えていたのですね。「気」は森羅万象に通じるものですから、今後は、世界全体に広がっていくことでしょう。

相反する二つの価値観を共存させる、日本人の不思議さ

玄侑　現代フランスの文化人類学者で、環境景観学が専門のオギュスタン・ベルクという方がいるんですが、この方が日本人独特の「風景」観について、単に野生の空間なのではなく、「日本人にとっての風景は（自らが）『いかにおはす』という表現ではないだろうか」（『空間の日本文化』ちくま学芸文庫）と述べています。風景もすべて含めて自分が「いかにおはす」か、なんです。私はこのあたりにも、じつは「華厳」の思想を感じるんです。いかがですか？

大竹　私も何冊かオギュスタン・ベルクの作品を読んでいるのですが、そのなかでも『空間

の日本文化』が、最高に面白かったです。読んだタイミングも、ある程度、禅の勉強をしたあとだったので、ベルクの説明の多くも腑に落ちました。彼は、アリストテレスの「主語述語論理」と西田哲学の「場の理論」を比べてもいました。日本語の受動態を分析して、原因を特定させないのも日本語の特徴だと見抜いていました。このあたりが、和尚さまのお話の「いかにおはす」と華厳に繋がってきそうな、そんな予感がします。

玄侑　おお。大竹さんもベルクを読んでいたとは奇遇ですね。ベルクの『空間の日本文化』は名著だと思います。あの本は、戦後の日本人のあまりの豹変に対する驚きを強調しますよね。「前日までは、最後の一人まで戦う決意を固めていた日本人がいっさいの抵抗を止め、占領軍の友人に変わったその変わり身の早さに、西欧人は仰天しかつ軽蔑した」と。そして長く日本に住んだベルクは、それに対し、じつに深い洞察をしています。アメリカの人類学者ルース・ベネディクトの『菊と刀』とは全く違いますね。

ベルクは一つの確信としてこんなことも書いています。「同じ一つの社会に、きわめて多様な個別主義への傾向と、意見の一致への傾向が共存し、かつ両方の傾向とも劣らずはっきり表に現われている、一見矛盾と見える性向の鍵は、まさにこの点に存するように私には思われる」。ちなみにルース・ベネディクトのほうは、かそけき菊を愛する心と、それを一刀両断する刀に、同時に敬意を表す我々の性は見抜いたものの、それをあり得べからざる「矛盾＝conflict」だと断じています。今のアメリカを見ても、保守かリベラルかを自分で家の前に提示するような国ですから、その共存なんてあり得ないでしょうね。ところがベルクは「一見矛盾と見える性向の鍵」と書いています。

大竹　『空間の日本文化』と『菊と刀』の対比と和尚さまのコメントはとても興味深いです。

玄侑　このあたりのあまりの違いは、基本的には日本研究の深さによるのだと思いますが、ベルクは長い日本生活のなかで和辻哲郎の『風土』や松尾芭蕉(ばしょう)の俳諧に親しんだことが大きいと、自分で話しています。

『風土』も影響力の大きかった名著ですが、日本人をモンスーン気質と言っていますね。台風が頻繁に来るので、来る前には「こつこつ努力して」窓に目張りをしたり土嚢(どのう)を積んだり、いろいろ準備するわけですが、一旦台風が来てしまい、それが予想を超える巨大なものだったら、あっさり諦める。これって日本人にとっては普通のことでしょう。

ところが西欧人にすれば、「こつこつ努力する」ということは、普通は「諦めない」ことなんです。Tinaciousという言葉も「執念深く諦めずに努力する」ことです。「こつこつ努力する」のに「諦めがいい」なんてことは普通じゃないわけです。ベルクはこの対立原理の「両行（りょうこう）」する国民性を、『風土』から学んだのかもしれませんね。

また芭蕉の俳諧に親しんだということですが、私は芭蕉にも「華厳」の思想を感じます。

閑（しずか）さや岩にしみ入る蟬の声

『奥の細道』の旅で山寺で詠んだ句ですが、賑やかな蟬の声のなかに「閑さ」を聞き取る。天からのその声が岩に沁（し）み入ると感じる。まさに「華厳」の事事無礙法界、あるいは「**一即一切**、**一切即一**」を想わせる世界ではないでしょうか。

ベルクは「山水画」というものに「いかにおはす」という見方ができたのは、『風土』と芭蕉のおかげだと言うのですが、先ほどの『空間の日本文化』での冒頭の疑問も、まさに「華厳」の「縁起」を想わせませんか。つまり、多様な個別主義への傾向と、意見の一致への傾向が、同時に見られるというわけでしょう。これこそ、個別性を保ったまま重重無尽に繫がって「一」をも体現する「華厳」の世界です。日本人は無意識に「華厳」の世界に生きているのかもしれませんね。

「風水」についてはいわゆる「風水師」という方もいて、沖縄などでは普請には欠かせないようですが、私はあまり「開運風水」には触れたことがありません。要は「気」の流れを塞がない、それに尽きると思っているわけですが、むろんそういうものを学ぶことは否定しません。ただ最近は、歴史的に明らかに洪水の怖れのあるような場所が、広いがゆえに廉価で不動産として売買されるのが困りものだと思います。そういう場所でいくら「風水」を使った小さな工夫をしても始まらないのではないでしょうか。

アリストテレスとプラトンの「イデア」の捉え方

玄侑　先ほど言及したアリストテレスですが、じつはアリストテレスは中国の陰陽五行説に似た理論も打ち出した人で、非常に興味があるのですが、イデアや魂についての考え方について、プラトンとその弟子であるアリストテレスとでは、どのように違っていたのでしょうか。ご教示いただければと思います。

大竹　それでは、少しだけお時間をいただきます。
数多くあるプラトンの著作の一つに『パイドン』があります。日本語訳では『魂について』とか『魂の不死について』という副題がつきます。この副題が示すように、滅ぶべき肉体と、このような肉体から離脱する魂の不死について、プラトンは力説しています。「哲学者は、肉体から解放されるように努力しなければならない。肉体に捉われていてはイデアを理解することはできない。肉体を離れて魂となった時に、イデアを見ることができる」、なんて一文は象徴的です。

「イデア」はプラトンの代名詞。どの哲学史の本でも、プラトンに「イデア」は欠かせません。そして、このイデアが西洋哲学のベースとなりました。これがプラトニズムとして受け継がれます。イデアは、知覚し得ない永遠・純粋な理念です。身体的な目ではなく、いわば魂の目によってのみ想起されるもの。これがニーチェたちによって大いに批判されるわけですが、今もなお、イデアは西洋の世界観の屋台骨になっているのでしょう。

さてプラトンに続くのがアリストテレスです。アリストテレスにも『魂について』という論文があります。原題は『ペリ・プシュケース』、直訳すると、「プシュケーについて」となりますが、日本語では他に『霊魂論』とか『心について』と訳されます。ここでアリストテレスは、魂を生物のアルケー、つまり生物のはじまりであると定義し、魂の本質についての考察を始めます。そして、どの類に属すのか、実体なのか性質なのか、量なのかを論じています。この論文でアリストテレスは、魂が身体から独立した存在であることを否定しています。これが、アリストテレスによるプラトンのイデア論批判の一部をなしていると思います。

この批判の根底には、「イデアによっては運動や変化が説明できない」という一点があります。イデアというものを前提にすると、「運動」が運動できなくなり、「変化」が変化できなくなってしまうのでしょう。

さらに、イデアの世界に属するものには、「真の」という冠が付きます。私たちが認識できる全てのものに、この冠が想定されます。そうすると、「真の生誕」「真の老衰」「真の死滅」なんてものまで出てきてしまいます。アリストテレスはここにもモヤモヤしたようです。プラトンは、子どもたちを前にして「真の生誕」なんて説いたのでしょうか。果たして彼は、この理想がどんなものなのか腑に落ちていたのか。それとも念頭になかったのか。私なんてもっと深いモヤモヤに取り込まれそうです。

玄侑　これは丁寧にありがとうございました。「本当の自分」の出所はプラトンだったわけですね。

それにしてもさすが「万学の祖」と言われるアリストテレス、あらゆる物事をとにかく整然と分類しちゃうんですね。ある意味、分類じたいが「イデア」への抵抗にも思えます。なるほど、アリストテレスは「プシュケー」をまともに論じているんですね。

余談ですが、プシュケーという言葉は、じつは本来「気息」の意味とされますよね。面白いのは、インドの「アートマン」も、ドイツ語の「ガイスト」も、同じように「魂」を意味しながら本来は「息」のことなんです。やはりどこでも「息」に魂を感じたということでしょうか。しかも「プシュケー」には「蝶」という意味もあります。そして日本の『万葉集』には蝶々が一度も出てこないそうですが、これも「魂」を運んでいると思われていたため、言葉にするのがタブーだったのではないかと言う人もいます。

さて、アリストテレスが師であるプラトンの許を去ったのは、さまざまな政治的事情もあったでしょうが、私はやはりプラトンの説く「イデア」に従いていけなかったのだと思うのです。これはいわば観念的直観でしょう。どのようにしても証明はできません。

「神の世界にイデアがあった」、全てはそれを前提にして話が進められます。私は以前、哲学者の木田元先生と対談したことがあるのですが、プラトンはピタゴラス教団に行ってから「イデア」を言いだすようになったと、先生はおっしゃっていました。数学でいうX軸とY軸の交点、つまり原点の影響かもしれない、ともおっしゃっていました。この「イデア」が後にキリスト教の神の規定に大きな影響を及ぼすわけですね。しかしアリストテレスは、まるで「イデア」から逃れるように、もっと個物に目を向けます。特に動物などは数百種類を観察し、分類しています。
先のお話ですと、「イデア論」を批判的に乗り越えようとして「実体」というものを考え、さまざまなカテゴライズを行なったようですが、エンペドクレスの四元素説を更に進め、アリストテレスは「四性質説」も併せて考えましたね。つまり「四大元素」とは火・空気・水・土ですが、それぞれに「熱・冷・乾・湿」を組み合わせて細かく分類したわけです。これはじつは中国の陰陽五行説にとてもよく似ているんです。

中国の五行とは、「木・火・土・金・水」ですから、構成としてはインドの四大「地・水・火・風」あるいは五大「地・水・火・風・空」のほうが似ていますが、そこに四性質を組み合わせたという点で、陰陽と組み合わせた五行説を憶いだすんです。

またアリストテレスは、「四原因説」というのも唱えていますね。プラトンは机にも椅子にもイデアがあると言いましたが、アリストテレスのほうは質料因（木材）、形相因（形）、作用因（大工仕事）、目的因（学習）など、四つの原因の集合した結果として机を見ました。しかし私に言わせていただけば、この「実体」という見方そのものに、「イデア」の残滓（ざんし）があるような気がしてなりません。そしてイデアを否定したため、説明がじつにややこしくなってしまった。

日本の現状をアリストテレスに見せたら卒倒するかもしれませんが、ある意味、彼は整然としかもロジカルに整理しすぎたのではないでしょうか。ですから誰も反駁できず、ヨーロッパは長いことアリストテレスの呪縛に苦しんだような気がします。動物の分類などでも「ゴミから発生した」とされるものがあったり、宇宙論もむろん地球を中心に置いた同心円状のものでしたから、現代科学の立場からは間違いも結構あるのですが、やはりアレクサンドロス大王の家庭教師でしたし、学問的権威になってしまったのでしょうね。

大竹　木田先生の洞察は核心を突いています。紀元前の話ですから推測するしかありませんが、アリストテレスはプラトンの「呪縛」から逃れたかったのでしょうね。その大望が実って、アリストテレスは、プラトンと並び立つ呪縛になりました。プラトンの考えが再生し、一度眠る。そこではアリストテレスの考えがリバイバルしている。西洋哲学史はこの繰り返しです。ニーチェの登場以前は……。和尚さまのおっしゃるとおり、「実体」にもイデアの残滓はあります。もはや、この「ある」が根幹にある限り、西洋哲学は、プラトンにせよアリストテレスにせよ、どちらの呪縛からも逃れられないと思います。その呪縛に気づいたニーチェの「神は死んだ」発言以降、西洋哲学も本来の自由な考えになれたのでしょうね。

先ほども登場した「生成 devenir」が「なる」に相当するのですが、この「devenir」を

「ある」として伝授させないよう、後の思想家たちは苦心します。あらゆる根源は「なる」で「ある」、と表現した時点で、すでに「ある」が登場し、以降、読者や弟子たちは「ある」に搦め取られてしまいます。そのため、「なる」と表現した自分の考えを、解体しながら生成させていこうとします。まさに、「不可解」が「正解」と言った様相ですから、もはや読者は宙ぶらりんなんです。

玄侑　西洋哲学が還るべき「本来の自由な考え」とおっしゃいましたが、それはもしかして「万物流転」を説いたヘラクレイトスなどの自然哲学のことでしょうか。だとすれば、「ある」を根幹に持ったプラトン以後の考え方と合流するには、やはりニールス・ボーアの「相補性」を用いるしかないのではないでしょうか。

大竹　「本来の自由な考え」としては、ヘラクレイトスも含めたソクラテス以前の哲学者を想定しています。というのも、フランスの現代思想には、「万物の根源は？」なる問題を見直そうという動きがあります。たとえば、「イデア」や「神」、あるいは「オーソリティ」などの起源や発生点など「ない」と彼らは考えます。ボーアの「相補性」は、このような問題提起への物理学からの回答なのではないでしょうか。

玄侑　ただ哲学の内部でも、ニーチェ以前に同じ方向で考えた人がいましたね。カール・マルクスといえば、経済学者や革命家として知られますが、じつは元々哲学者です。彼は二十六歳のとき、「フォイエルバッハに関するテーゼ」というのを書くのですが、そのなかで歴史や社会から切り離された抽象的本質として人間を見ようとするフォイエルバッハを批判します。そしてマルクスは、「人間の本質は社会諸関係の総体である」と主張するのですが、この「総体」と訳された言葉は「アンサンブル」なんです。これは「集合」という意味のフランス語ですが、「合奏」という意味もありますよね。家族や職場や地域で見せる別々な顔のアンサンブル、という現実的な見方から、否応なくイデアも否定されたような気がします。

第八章

生命力を産みだす「渾沌」とは何か

「気」の自己増殖力と日本の神話への影響

玄侑　東洋とりわけ中国文化圏では、陰陽五行説という分類法だけじゃなくて、その陰陽の大元としての「気」を発見したことで、自在な考え方を得たのではないでしょうか。これによってさまざまな変化への解釈がかなり自由にできるようになった気がします。

ところでこの「気」ですが、先ほど大竹さんが出された例を見ますと、和気、気仙、気比など、いずれも「気」を「け」と訓んでますよね。これは「気」が古代には「け」と訓まれたからなんです。つまり「気」という漢字が入るまえの日本にも、「ケ」と呼ぶ似たような概念があったということです。

「け」と訓んだ文字には他に「木」や「毛」があります。「毛」は今もそう訓みますからいいですが、「木」を「ケ」と訓んだ名残は「上(かみ)つケ（木）の国（上野国）」「下(しも)つケ（木）の国（下野国）」などに残ります。栃木県や群馬県はよほど「木」だらけだったのでしょう。ところでこの三つになにか共通するものを感じませんか？　「気」「木」「毛」、じつはいずれも「いつのまにか伸びる（増える）」ものなんです。古代の人々は、おそらくこの「ケ」の力を非常に畏れ尊んだのだと思います。だから「ケ」即ち自己増殖力が「枯れ」た状態を

「ケガレ（穢れ）」と見做（みな）したわけです。

ですから「死」は「ケガレ」ということになるのですが、ここには「気」を通して人間や動植物への共通の眼差しが感じられます。「和気」という姓も、そう考えればじつに美しいですよね。日本人は「華厳」の思想に適合する感性を、もともと持っていたということではないでしょうか。

大竹　陰陽五行における「相剋相生（そうこくそうせい）」の関係は、星と円で図化されています。西洋なら、階層や樹形図になっていたことでしょう。こうなってくると、西洋的な階層では極東と位置付けられ、体系のない未発展の思想しかないとされるこの日本で、中国の思想がどのように受容され変化していくのか、ますます気になっています。

玄侑　確かにおっしゃるとおり、陰陽五行はある種の円環ですね。「**木・火・土・金・水**」も、木が火を産み、火が土を産み、という方向の最後に、水は木を産む、という形で最初の木に戻るわけですから。また陰と陽との拮抗する力の変化も、「**太極図**」という円で描かれます。ちなみにニールス・ボーアは、デンマークから最高の勲章であるエレファント勲章を授与されたのですが、その意匠として太極図を希望しています。それほどに、陰陽の相補性に惚(ほ)れ込んでいたのだと思います。

　さて、そうした考え方を『日本書紀』の時代に受け容れた我が国ですが、『古事記』に登場する最初の神々は、自己増殖力を持った存在として描かれます。つまり「ケ」ですが、この国に最初に現れた三神をご存じですか。今でも相撲ではこの三神が祀られ、勝った力士は手刀でこの三柱に礼をしてから賞金を受け取ります。三神というのは高御産巣日神(たかみむすびのかみ)、天之御中主神(あめのみなかぬしのかみ)、そして神産巣日神(かみむすびのかみ)ですが、これは三人というより、同じ神の発生を、三つの見方で名付けたものだと思うんです。つまり高い場所に、即ち天の真ん中に、なにか自己増殖する存在がいらっしゃると。「神産巣日神」というのは明らかに自己増殖力を意味しているでしょう。ちなみに神産巣日神は、二度殺された大国主神(おおくにぬしのかみ)を、二度とも生き返らせます。自己増殖だけでなく、蘇生(そせい)力もあったのですね。

　初めの三神の後に現れたのが、宇摩志阿斯訶備比古遅神(うましあしかびひこぢのかみ)と、天之常立神(あめのとこたちのかみ)ですが、以上の五柱は、基本的に姿を見せない「隠れ神」で、また「独神(ひとりがみ)」と言いまして、単独で増殖できる。つまりさっきの自己増殖力を持っているのです。そしてこの五柱を、日本人は「別(こと)天神(あまつかみ)」と呼んで特別に尊崇しました。

　日本語では「自然に」という意味で、「ひとりでに」と言いますよね。これは「独り神のように」ということでしょうね。ですから「ひとりでに」伸びたり増えたりする「木」や

「毛」や「気」も尊重されたのだと思います。

そして大切なのはこのあとなのですが、その後は「神世七世（かみよのななよ）」と言われる五組十柱の神々が、男女がセットで現れたのです。伊弉諾（イザナギ）と伊弉冉（イザナミ）もそのうちの一組ですが、それぞれ独神ではなく、お互い「イザナイ」あって、二人でようやく子どもが産みだせる存在でした。当然、人間もそうですよね。対にならないと産みだせない。そうなると、とにかく対になることが大事、という考え方になってきます。だから、中国から朝鮮半島を経てやってきた「陰・陽」という考え方は「渡りに船だった」と言えると思います。少なくとも、すぐに馴染めたのではないでしょうか。

陰と陽とは対等です。序列はありません。両者が絡み合って新たな命が産みだされるその大元なのです。この考え方は荘子の「**両行**（りょうこう）」にも通じます。『荘子』には「**天鈞**（てんきん）」という言葉も出て来ますが、これは西洋的な二元論ではなく、「天から見れば、どっちもどっち」、釣りあってるじゃないか、という見方です。是非善悪や美醜尊卑といった一つの価値観の高低で見るのではなく、見方さえ変えたら両方ＯＫだろう、という考え方なのです。

荘子は「**道枢**（どうすう）」という言葉も使っていますが、「枢（とぼそ）」というのは回転ドアの軸のことです。つまり二元論じゃなくて、見方は三百六十度あり得るというんです。この考え方は、じつは「八百万の神」にもしっくり来るんですね。もともと最初の三神じたい、同じ存在への三つの見方で生まれた名前です。神々がどれほど増えてもおかしくないわけです。しかも「ギリシャ神話」のように親子関係などはあるものの、そこには明確な序列はなく、基本的には対等ですから、争ったりもするんです。「八百万の神」には役割分担はありますが、ヒエラルキーはないのだと思います。

かなり独特の見方かもしれませんが、私はこうした感受性が予めあったからこそ、「華厳」の考え方がこの国にすんなり浸透したのだと思います。

ニーチェがむきになって否定した「絶対神」はもとより日本には存在しませんでしたし、私たちの先祖たちが崇めたのは**自然の生産性や、その増殖力**だったのではないでしょうか。そして自己増殖も、じつは**死を呑み込みながら円環をなしています**。

ギリシャ神話の「混沌」と、命を産みだす「渾沌」

大竹　なるほど。自己増殖力を持った日本の最初の神々ですが、あらためて和尚さまから示されますと、特異な存在ですね。なかでも、「独神」「隠れ神」は、興味をそそります。「隠れ神」とは、つまり形になっていないということでしょうか。和尚さまが参照された「ギリシャ神話」と比較してみたいと思います。こちらにも神々が生まれる前の原初の神々がおります。神々が生成される原初となる存在が、カオス。これがまぁ、実に混沌としたままの存在です。ただ独り存在するのは日本神話と同じですが、「混沌としている」ことは日本神話と異なりますね。このカオスから、ガイアが生まれます。生まれるというより、出現します。そして、ガイアがウーラノスやエロースらを産みます。ガイアとは大地であり、以降、西洋で大地は女性名詞となります。ウーラノスは天空、エロースは性愛を司ります。その後、ガイアは自ら産んだ息子であるウーラノスを夫とし、彼との間にクロノス（農耕を司る。巨神族ティーターンの長）らを産みます。そして私たちにも馴染みがあるゼウスやアテネらオリュンポスの神々が登場しますね。

ギリシャ神話で注目に値する場面が、このオリュンポスの神々とクロノスらティーターンの神々との戦争です。ティーターンの神々は、まさに「カオス」を象徴しています。ガイアが産んだ子どもたちには異形の化け物もおります。五十の頭と百の手を持つヘカトンケイル一族や、一つ目の巨人のキュクロープス一族が有名です。彼らはこの戦争で、ティーターンを裏切ることになります。神々の行動もまさにカオティックなものです。ティーターンの神々を率いたクロノスは、父ウーラノスの男根を鎌で切り取ったり、自分の子どもたちを飲み込んだりもします。もう、なんでもアリですね。

一方で、その神々との戦いに勝利したオリュンポスの山には秩序がもたらされます。以降、混沌は忌むべきものとなり、同時に序列も発生します。とはいえ、ゼウスをはじめとする神々は、相変わらず好き勝手な振る舞いをするじゃない？　という感想も持ち得ますが、彼らの行動は「人間らしい」の圏内に収まっているのでしょう。

「混沌」と「秩序」の大戦争が、なにやら西洋の世界観を表現しているように思いますが、和尚さま、いかがでしょうか。

他方、ヒエラルキーのない神々に見守られる日本。なぜ、これらの神々のような精神性を持つ日本人が野蛮ではないのか、西洋の人は不思議でしょう。

玄侑　私はじつは「渾沌」と「混沌」を区別して使っています。今おっしゃったように、「秩序」を優勢とした価値観のなかでは「混沌」は無秩序にすぎません。ですから英語のcaotic もハチャメチャといった意味ですよね。一方、私が「渾沌」と書く場合は、出典である『荘子』のように、命を産みだす運動の源として肯定的に捉えているわけです。

ギリシャの神々も、日本の神々も、初めは「渾沌」だったことは同じだと思いますよ。だって「神産巣日神」なんて、もやもや増殖していたのですから。ただ違うのは、向こうは両者が戦って最終的に「秩序」が肯定され、こちらは自己増殖力としての「渾沌」が推奨されたということでしょう。

大竹　確かに！　「混沌」ではなく「渾沌」でした。自分勝手に読んでいましたが、あらためて気づきました。和尚さまの世界観は一文字一文字に表現されていますね。

日本人の精神に根差す、序列なき「両行」の思想

玄侑　さて、「渾沌」から抽出される「陰」と「陽」をはじめ、序列のない対等の価値である「両行」は、日本人の心にも大きく影響していると思いますので、説明させてください。
日本の場合、幾層にも「両行」がはたらいていますが、一番大きいのは言葉でしょうね。中国から入った漢字文化はありがたく享受しながら、それまでの話し言葉も「訓読み」という形で残しました。「腕」という文字は使いながら、「ワン」だけじゃなく「うで」と、これまでどおりにも訓んだわけです。また仮名を発明したことで、視覚文字である漢字といわゆる表音記号としての仮名文字も両行させました。漢字仮名交じり文という日本語のこの形は、世界でも稀(まれ)ですし、情報処理に使われる脳の範囲が最も広いとも言われます。つまり仮名は通常の音声処理ですが、漢字のほうは一瞬に絵画として読み取っているということです。しかもこのとき、漢字を「真名(まな)」と持ち上げ、自分たちの文字は「仮名」とへりくだっ

ています。そうして更に「仮名」のなかにも平仮名と片仮名を両行させました。平仮名は和歌など、主に国風の文化を担いますが、片仮名は漢文の書き下しの際の送り仮名など、主に僧侶たちが漢文の読解のために用いました。片仮名はその後、外国語を受け容れるための音声文字としても有効に使われていきます。

こうした両行（＝デュアル・スタンダード）は、たとえば武家と貴族が共に六百年以上権威を保ったところにも表れています。西欧では、騎士はみな貴族の子弟ですから同じ家柄です。ところが日本では、武家と貴族は全く違う家でありながら、双方とも別な権威を保って続いていきました。

建築も、『方丈記』のように庵というコンパクトな住み方が推奨される一方で、世界にも稀なほど雄壮な城郭建築を作ったわけです。この庵と城郭に対応するように、「ワビ・サビ」と「伊達・婆娑羅」という極端に違う美学もありますよね。鄙びと雅びも両行です。

以上申し上げたのは、主に担い手が違う場合の両行ですが、たとえば「義理と人情」などのように個人の心に両方ある、というものもあります。「本音と建て前」「私と公」、人によっては「意気と通」なども個人のなかで両行できるのかもしれませんね。また「侘び茶」というのは、「雅びのなかに鄙びを見出す」個人のなかでの両行でしょう。

たとえば諺も、正反対の意味合いのものがほぼ必ずあるんです。

「嘘つきは泥棒の始まり」に対して「嘘も方便」、「芸は身の仇(あだ)」と言いながら「芸は身を助く」とも言う。「栴檀(せんだん)は双葉よりも芳し」と早熟を誉(ほ)めながら、「大器晩成」という言葉も用意してあります。「血は水よりも濃い」と言いながら「遠くの親戚より近くの他人」と言うし、「大は小を兼ねる」と言うのに「山椒は小粒でピリリと辛い」とも言う。「武士は食わねど高楊枝」などとプライドを重んじるのに、いざとなれば「背に腹は代えられぬ」と食べちゃうのもアリです。「立つ鳥跡を濁さず」のはずなのに、「旅の恥はかきすて」と言われる去り方もあります。「三つ子の魂百まで」と肝に銘じることは大事ですが、時には「喉元過ぎれば熱さ忘れる」ことがいい場合もあります。キリがないですが、要するにどちらに転んでも対応できるように、**両極端の在り方を共に知っておくべきだと考えている**のではないでしょうか。

大竹　ちょっと脱線になりますが、「両行」で思い出したことで、是非おうかがいしたいことがあります。小学生くらいからずっと心のなかで「モヤモヤ」していたのが、「三度」にまつわる慣用句なのです。

「三度目の正直」と励ます一方で、「二度あることは三度ある」とやる気を削(そ)ぐ。しまいには、「仏の顔も三度まで」と叱咤(しった)されます。仏さまは、私たちにどんな振る舞いを期待をしているのでしょう?

玄侑　「三度目の正直」とは、一度や二度で諦めてはいけない、「二度あることは三度ある」は、恐ろしいことは繰り返されるから用心深くあれ、ということですか。そして「仏の顔も三度まで」は、惰性で続けることを戒めているような気がします。この場合もそうですが、「諦めるな」と「用心深くあれ」はどちらかといえば反対の考え方ですよね。すると、両極端を踏まえたうえで「何事三度」というように三度目で決断する、あるいは直観をはたらかせる、だから「仏の顔も三度まで」と追い込むのでしょう。

本来、「仏の顔も三度まで」は、ブッダの故郷である釈迦国がコーサラ国に攻められようとするとき、ブッダが道の真ん中に坐って三度まで止めに入り、説得したという故事に基づいています。じつはコーサラ国の波斯匿王はブッダの信者でもあり、良好な関係だったのですが、伝統ある釈迦国から貴族の娘を妻に迎えたいと要請したことから事態は一変します。他の民族とは婚姻しないという伝統から、最初は要請を断った釈迦国の大臣ですが、コーサラ国の武力に頭を悩ませ、自分と下女の間に生まれた容姿端麗な娘を嫁がせました。

やがてコーサラ王妃となった娘が幼い毘瑠璃王子を連れて釈迦国に里帰りしたとき、王子が釈迦国の神々と王族のみが昇れる神聖な獅子座に坐ってしまいました。王子は屈辱的な言葉を浴びせられ、苛酷な仕打ちを受けました。「お前なんかの遊ぶ場所じゃない」といった類いの言葉でしょう。妃の出自を皆知っていたわけです。ブッダもその事件を知っていました。それでコーサラ国の王子が新王になると、すぐさま怨みを晴らすべく軍隊を先導して攻めてきます。故郷が滅ぼされることを憂えたブッダは当然止めに入りました。ブッダの顔を立てるように新王も一度、二度と引き下がり、三度目もなんとか引き下がってくれたのですが、しばらくするとどうしてもまた怒りが湧き上がってくる。それはもう絶対に消えない炎のような怒りでした。そしてついに四度目の進軍を決意して乗り込んでくるのですが、そのときはブッダも止めに入らなかったというのです。

ですから後にブッダが自らの死を予見して故郷に向かいますが、そのとき釈迦国はすでにコーサラ国に滅ぼされていて存在しないのです。

王子の侵攻は決して惰性だったわけではありません。言わば「よんどころない」というか、「やむにやまれぬ」というか、自分でも抑えようのない衝動だったのでしょうね。

ブッダは弟子に「今回はお止めにならないのですか」と訊かれ、「お前は因縁を虚空に移せるか」と逆に問いかけます。つまり積み重なった宿縁を、無かったことにできるか、ということです。到底それは解消などできないと、ブッダは三度の抗いのなかで悟ったのでしょう。逆に言えば、それはわかっていたけれども、三度まではどうしても止めずにはいられなかったのかもしれません。故郷ですから、道義だけでは割り切れない情がはたらくのだと思います。大抵は情に流されるのでしょうが、ブッダは三度で情を諦め、宿縁を見据えて道義に基づいた決断をした、ということでしょうか。

大竹 なるほど……。王族の結婚に対して最初から釈迦国が礼を欠いたうえに、その後、生まれた王子にまで屈辱をあたえるという非があったのですね。コーサラ国にも尊敬されていたブッダの制止によって、三度までは釈迦国の滅亡を先延ばしするのは可能だったとしても、コーサラ国王の怨恨を無かったかのように解消することはできなかった……。釈迦国を滅ぼしてしまうことが釣り合いのとれた復讐(ふくしゅう)だったかどうかはさておき、コーサラ国に怨(えん)嗟(さ)の感情がある限り、悲劇を避けることはできなかったということですね。ブッダにとってそれが大事な母国の滅亡であったとしても、受け入れるほかはなかったのでしょう。

調べてみると、その後コーサラ国王や兵たちも、戦勝の宴の最中に、落雷や暴風雨のために亡くなっています。まさに因果は巡るということかと思いました。それにしても、どうして出家した釈迦のあとを継いだ王族や貴族たちが、これほど愚かだったのか気になりましたが……。

玄侑　出家と在家の理屈は違いますし、どこの国にもそういう非道なことをする人間はいるのでしょうね。人さまざまだからこそ、我々は両極端を踏まえたうえで、現実にはその間のどこかベストな場所を直観的に判断して着地する方法をとるわけです。日本人は、この両行と直観で自らの行動を決めているような気がします。

ベルクの言う「一見矛盾と見える性向の鍵」は、直観がはたらけばこそだと思います。だから直観を磨くために、この国ではあらゆる「道」の付く文化が盛んになりました。剣道、柔道、弓道などの武道はもちろん、花道、茶道やあらゆる古典芸能もその範疇に入ると思います。要するに、繰り返し同じ行為を「稽古」することで、無意識にその動きができるようになる。そうなった状態を「身についた」と言いますよね。これこそ直観の発露する場です。そして日本人は、その状態こそ「無意識」が「ケ」として発露する場と考えた。つまり思っていた以上のことが無意識のおかげでできるわけです。意識より無意識は遥かに膨大なことを知ってるはずですから。

大竹　「無意識は意識より遥かに膨大なことを知っている……」、実に奥深い言葉ですね。日本語や日本的精神における「両行」と「直観」を見下してきた西洋が、今、自らの「合理的」世界観によって息苦しさを抱えています。まさに自分で自分の首を絞めている状態です。その彼らが、ここにきてようやく見出した突破の糸口が、日本の思想ですね。

「曖昧」と「両行」の関係

大竹　和尚さまの「両行」に関するお話を伺いながら思い浮かんでいた言葉が、**「曖昧」**です。「曖昧」という概念は、西洋哲学においては唾棄すべきものと捉えられがちなのですが、じつはとても大事なことなのではないでしょうか？

玄侑　ええ。『華厳経』にも「菩薩十住品(じゅうじゅうぼん)」に同様の記述があります。同様と言われても何のことかと思うかもしれませんが、つまり「両行」する価値観を出してきて、双方を肯定するんです。ここでは菩薩として必要な十の境地が説かれているのですが、その七番目に「不退住（あるいは不退転住）」というものがあって、とにかく真反対の状況が描かれます。「有仏でも無仏でも」「生死を出ずるも出でざるも」「未来仏有るも未来仏無きも」（そのほかにもいろいろ書いてあって）退転しないのが菩薩だと言うんです。さらに菩薩が学ぶべきものとして「一は即ち是れ多、多は即ち是れ一」とか「有は是れ即ち非有」とか「相は是れ即ち非相」とかですね、詳しい記述もなく列挙されますから、これは「両行」なのだなと思います。対立する考え方の相即性を受け容れるというか、双方とも受け容れられるポジションをとれ、ということでしょうね。そして最後に、なぜそんなことを言うのかが述べられるのですが、「一切の法に於いて方便を具足せんと欲するが故なり」と言うのです。「**方便**」というのは「**ウパーヤ**」という言葉の訳ですが、**その時その場での最良の手立て**のことです。ここでは菩薩が衆生を救済するために、どうしても方便として「両行」が必要だというのです。要するに、いかなる人にも対応しようと思えば、まずは両極端を踏まえておかないといけないということでしょう。

そして**直観で、その場の最適な手立てを選ぶ**わけですが、この**選択の幅の広さを「曖昧」**と言うなら、それは確かにそうかもしれません。ただ直観がちゃんとはたらけば、「ウパーヤ」は明確に無二のものとして選ばれるはずなんです。

日本語に「やさしい」という言葉がありますよね。古語としては「やさし」ですが、これは「痩せる」と同根の言葉で、本来は「身が痩せてしまいそうな」という意味なんです。つまり、両極端は踏まえたものの、その間の最適解を選べない人は痩せるほど苦しむのでしょう。場合によっては「大悲」の気持ちが強すぎて身動きがとれなくなることもあるのかもしれません。今は「やさしさ」というと、「温かく思いやり深い」というような褒め言葉に使うことが多いですが、基本的に私はこの言葉に両行における直観の機能不全状態を感じるのです。

ただ、大竹さんのおっしゃる「曖昧」というのが、そうした選択の幅広さ、「両行」を認めつつ決断を留保しておくことなのかどうか、いまひとつはっきりしないのですが、少し詳しく話していただけますか。

大竹　「両行」で思い出したのが、フランスの哲学者アラン（本名・エミール＝オーギュスト・シャルティエ、一八六八〜一九五一）の人生です。彼は、ものごとの体系化を嫌い、具体的な物を目の前にして語ろうと努めた哲学の先生です。

彼は反戦のメッセージを終始、出しつづけていましたが、第一次世界大戦が始まると、志願して入隊します。しかもそれが、四十六歳のときなんです。本来、兵役は免除されている年齢です。体の持久力や敏捷(びんしょう)さを考えても、まあ、信じられないエネルギーですよね。五十歳を過ぎた私には、同じことは選択できません。でも彼は人間が行なう愚行中の愚行に、生で触れなければ気が済まなかったのでしょう。机上で考えるのではなく、現場に体ごと突入してしまうのは、いかにもアランらしいことです。

「曖昧」は、そんなアランにとって、選択の幅広さでもあり、創造の源なんです。そして、創造は「全体」を把捉することによって成し得るものと考えています。全体を把捉する、というのは、とても難しいことですよね。

我々はしばしば、全体を想像によって補おうとしますが、アランは「想像力」をむしろマイナスの意味に捉えていました。「節度もなく規則もない心の動揺」と想像力を表現しています。だから彼は、「想像力を制御せよ」と注意します。兵役志願も、この「想像力の暴走」というものを見極めたかったからなのでしょう。

「想像力」なるものと「直観」は、全く異なる力ですよね。想像力は曖昧から妄想を生み、直観はきっと正しい方便を生みだすはずです。それはよくわかるのですが、この二つ、私は上手く使い分けられません。直観的に出したはずの答えが思わぬ災いになったりします。未だ妄想の域を出られないようです。痩せ細ってしまうほどの苦しみではないのですが……。

玄侑　アランは私も好きですが、渦巻き状の記憶曲線とか、同心円による人相学など、あまり彼の学問的成果と関係ないことにばかり夢中になりました。もしかすると的外れかもしれませんが、「曖昧」については、少し基本的なところに戻って思うところを説明させてください。

「名付け」前の入り混じった状態を「混沌（カオス）」と捉える西洋、創造の場を「渾沌」とする東洋

玄侑　先に私は『華厳経』の「菩薩十住品」の記述として「有は是れ即ち非有」と申しましたが、この「有」と「非有」はそれぞれサンスクリットの「sat」と「a-sat」に当たります。

西洋的には、簡単に「有」と「無」と言ってしまうところでしょうが、インドのウパニシャッド哲学などでは「無」ではなく「非有」なのです。どうしてだと思われますか。非有というのは、何かが無いとか、なにも無い、といった状態のことではありません。じつは何ものも明確な輪郭を持たず、他から区別できない存在状態のことです。全てのものが混融しているとも言えます。つまりカオスなのです。荘子はこれを肯定的に創造の場と見て「渾沌」と言いましたが、やがて現れる秩序に対する無秩序と見る立場からすると「混沌」ですね。これは以前に申しました。

さて旧約聖書の「創世記」第一章では、天地がまだ混然とした状態で、「神が光あれ、と言うと、光があった。神は光をよしと見て、光と闇を分け、光を昼と呼び、闇を夜と呼ばれ

た」とありますが、これは原初のカオスが、神の「存在形成力」のような力で克服され、次第にコスモスに変化していく様子を描いています。コスモスとはギリシャ語で美しく調和した世界ですが、ここで起こったのはいわば存在論的変貌ですね。なにも無かったところに何かが発生したわけではありません。

我々が「有」と認識するには、「名と形」が必要ですが、それを「創世記」は端的に示しています。やがて人は、神に倣って言葉を使い、さまざまなものを細かく名付け、分節して、いわゆる現実としての存在世界を作っていきますが、言葉による分節行為はいつだって強引で暴力的であることを忘れてはいけません。

たとえばある土地の隆起を「山」と名付け、近くを流れる水を「川」と名付けるわけですが、それによって「山」と「川」は一体でなくなります。また「花」などは、「茎」や「葉」や「根」がなければ存在することもできないのに、名付けた途端に「花」だけで存在できるような錯覚さえ招きます。

全体が繋がって関係し合いながら存在しているのに、「名付け」によって単独性が出てしまう憂いは避けられない。だからこそ、中国の老子は「道」を規定して「名無し」と言い切るのです。名の弊害を熟知していたわけです。

光が当たると存在が区別され、物と物との境界がはっきり見えますが、それは「名付け」

と同様、繋がったものを無理に分けることにもなると認識すべきでしょう。

そのことを承知すれば、先ほど『華厳経』から紹介した「一は即ち是れ多、多は即ち是れ一」という言葉も、混融した「一」と分節後の「多」であることがわかりますし、「有は即ち是れ非有」というのも「相は即ち是れ非相」も、共にコスモスとカオスにおける存在状態の違いなのだと納得できるはずです。コスモスとは、先ほどのオリンポスの神々による明るい存在秩序の世界、西洋ではこれが善であり美なのですね。

西洋と東洋とは、大雑把に言えば、このカオスとコスモスの扱いの違いによって大きな決別を経験したと言えるかもしれません。カオスを悪や醜と見て、ひたすら秩序を追求した西洋と、「渾沌」や「無」、「空」などをも肯定的に捉えた東洋の違いですね。

「無」とは、分断される前の無限の可能性を含む世界

玄侑　十九世紀、初めて大乗仏教に触れた西洋の哲学者や詩人たちは、あまりに「無」や「空」の多い経典にニヒリズムを感じたようです。彼らの認識では「無」はあくまで「nothing」ですし、それは恐怖をもたらすものでした。そして彼らは、その恐怖を死の恐怖にも重ねます。つまり「無」を完全な虚無として捉えたのですね。大竹さんも、もしかす

るとそうだったのではないでしょうか。

しかし東洋における「無」は、文字で考えますとたとえば「無一物」なども「なにも無い」ことと思えるでしょうし、西洋と同じような意味合いにも見えるのですが、じつは全く違うんです。「無心」という言葉がわかりやすいかと思いますが、これは坐禅や瞑想を実践した極限状況における体験的実感です。「無心」も「無一物」も、いわば特別に自由で活潑(かっぱつ)な心の実感を表現したものなのです。

「無」とは、存在が意識によって分節される以前の状態、あるいは言葉以前、とも言えます。だから「心」などと呼べるものは「無い」わけですが、混然としたままそこには全てが有ります。さっきの創世記に準えれば、光も差さず、コトバもないために「無」なのですが、西洋ではこれを「死」や「虚無」と同定しました。しかし東洋ではこの「無」を生の始まりと考える思想的伝統があるのです。

もっと精密に言えば、全く無分節だった暗闇に、コトバの光がゆらめきだす、つまり意識の芽生えかけた状態を荘子は「渾沌」と呼んだわけですが、東洋では「無」や「空」にも同様の創造性を看取します。なぜならそこには無限の関係性が光やコトバで分断されず、闇に埋没したまま完全な状態で存在しているからです。荘子は「夫(そ)れ道は未だ始めより封(ほう)有らず」とも言っていますが、つまり仕分け線がない、「渾沌」と同じ状態を「道」とも呼んだわけです。

ついでに申し上げると、『老子』第二十五章にも「道」について同様の認識が示されています。曰く「物有り渾成し、天地に先んじて生」じた状態、つまりまだ天も地も生まれておらず、渾然としてはいるものの何物かがあるような状態ですね。また静まりかえって音もなく（寂）、おぼろげで形もない（寞、寥）。そして「独立して改らず、周行して殆れず」、全体は独立していて一定なのに、どういうわけか周く動きつづけ止まることがない。なんとも不思議な状態ですが、喩えて言えば全てを産みだす「天下の母」のようなものだと老子は言い、これに字して「道」と呼ぶことにしたというのです。

「無」は「渾沌」であり、「道」であり、「天下の母」でもある、ということになります。西洋の「無」や「混沌（カオス）」との違いが歴然としますね。

そこまで申し上げると、アランの言う「曖昧」という概念も理解しやすいかと思います。アランは「曖昧」を創造の源と位置づけ、創造は「全体」を把握することによって成り立つと考えたわけですが、そこでの「曖昧」とは、暗闇に微かな明かりが差した状態ですね。老子の言う「寂」や「寞」「寥」です。そこには「曖昧」でありながら、いや「曖昧」であるからこそ、全てがあります。分断されないままの全体があるわけです。

直観とは、そこに稲妻が走ることに似ています。脳科学でも、閃きが起こる瞬間は、全体が低電圧のときだと言っていますが、稲妻が走ればその瞬間にはありのままの姿が短時間ですが見えますよね。直観が閃くその一瞬の姿こそ重要なのです。

想像力というのは、見えないままに勝手に補うことですから、いわば捏造です。ウソになってしまいます。

ですから「曖昧」という認識は、なにも壊さず、なにも余計なものを加えないためにとても重要です。「重重無尽」の関係性は、まだ光とコトバで分断されず、「曖昧」のうちにこそ保たれるのです。

おそらく「両行」というのも、世界に「曖昧」に向き合うための大切な手立てではないでしょうか。いわゆる二元論は、世界をあっさり分断する大鉈のようなものです。意志的で、人間的な振る舞いと映るかもしれませんが、それは「重重無尽」の華厳世界からすればどうしたって破壊的で人工的です。まずは二元の両方を肯定し、とりあえず命の全体性を担保しておいて、あとは直観で最も相応しい着地点をウパーヤ（方便）として選択するわけですね。

「華厳」という見方は、ですからじつは現実には見えない無分節の世界を、特殊な光のもとで全て見せてくれたのではないかと思うんです。この状態では物と物とが区別されず、私とあなたの仕切りもない。もしも稲光が光れば、すべては繋がったまま見えるはずです。だから「事事無礙法界」も可能になる。救いの手を差し伸べるという意識さえまだ芽生えないうちに、直観的に救ってしまっている世界ですよね。それこそ見性直後にブッダが見た本源的「一」の世界ではないでしょうか（見性とは、性（もちまえ）を見（あらわ）すことで、禅宗では「悟りを得ること」を意味します）。

荘子は同じ事態を「斉物（せいぶつ）」と呼びました。あらゆるものが繋がっていて区別されず、「斉（ひと）しい」ということです。同じ事態を、荘子は「広漠の野（や）」「無何有（むかう）の郷（さと）」など、さまざまに表現しましたが、何と言っても極めつけは「渾沌」でしょう。荘子の哲学を象徴するだけでなく、「渾沌」の一語は東洋的な「無」に蠢（うごめ）く力を集約していると思います。

大竹　はじめに、和尚さまは「『わからない』まま進むしかないんです」と鼓舞してくださいました。ここまで手解きいただきまして、「わからないまま」に親しめるような心構えができてきたように感じています。

「曖昧」を分節化して確実明瞭にしてみても、結局それは、かりそめのもの。むしろ、「はっきりとわかる」ということは、目鼻口耳をつけられた「渾沌」が死んでしまうエピソードを連想させます。

玄侑　そうですそうです。目鼻耳口の、七つの穴の七つ目を開けたら「渾沌」が死んでしまったわけですが、これでは感覚器を通して分節化された世界ばかりになってしまいます。まさに「渾沌」の生きる余地はありません。この世では、「聡明」と言って人の優秀さを褒めますよね。しかし「聡」は「耳偏」でよく聞こえること、「明」はよく見えることですが、そんなことでは「渾沌」とつきあえません。「渾沌」は仏教的には「空」になりますが、感覚器を通せばすべて「色」になってしまうということですね。

第九章

全ては変化しつづける「唯識」のなかで生命を考える

死と生が同時に起きて平衡を保つ人体の不思議

大竹 「曖昧」「渾沌」のお話から不意に思い出したことがあります。玄侑先生の著書『医師と僧侶が語る 死と闘わない生き方』（共著、ディスカヴァー・トゥエンティワン）のなかで、和尚さまは「半分死んでいるところもあり、今生まれてきているところもあり、それがこの体だとすると、生死がすべていま起こっている」とおっしゃっています。「体もまた渾沌である」なんていうのは、早急な理解でしょうか？

玄侑 いや、おっしゃるとおりだと思いますよ。全ての臓器は単独では存在できず、連携しながら布施し合っていますが、元々は一つの細胞から分裂してできたものです。いわば「一即一切」なんです。漢方医学や鍼灸などを受けていると、全身の経絡による不思議な繋がりも感じます。たとえば足の小指の側面の少し下に鍼を打ったら鼻血が止まるとかね、華厳のインダラ網のような繋がりが、人体にもあるんじゃないですか。

かつて福岡伸一先生と公開対談したとき、先生がおっしゃっていたのですが、人体の細胞の生まれ方にはさほど種類はないが、壊し方は無数にあるというんです。どう考えても人体は、細胞を作るより壊すほうに熱心だとおっしゃるんですね。

そのとき先生は、新たな細胞ができるときの運動モデルを考えていて、エントロピーの法則に逆らうわけですから、球形のものが坂道を上るようなモデルができなくてはいけないと話していて、坂道側の球面の一部が削げ落ちれば坂のほうへ転がる推進力になる、というのです。確かにそうですが、坂道を上りつづけるためには絶え間なく壊れつづけなければいけません。そのために人体では、各臓器が終始古くなった細胞をいろんな方法で壊しつづけているというのです。いわゆる「スクラップ・アンド・ビルド」で、新しい細胞がすぐに補われますから、総体として球体の様子は変わらないのですが、内部では必死の破壊工作が続いているというわけです。先ほどおっしゃった『死と闘わない生き方』の「いま起こっている生死」というのは、そういうことです。

変化しつづける命を、禅では「生死（しょうじ）の世界」と言いますが、まるでこうした細胞の生死の仕組みを知っていたかのようです。

死なないと、生まれない。生まれてこなければ、今度は全体の死が近づくことになります。これは別な博士が言っていたことですが、しょっちゅう間食すると、いわばスクラップが起こりにくくなって新たな細胞が生まれず、古い細胞が長保ちしてしまうので老化が進むそうです。ですから空腹の時間を増やし、細胞の入れ替わりを促して若返りましょう、という話です。

「死」についての話が「若返り」のほうへ逸れてしまいましたが、あらためて今、ここまで対話してきて、大竹さんがどんな「問い」をお持ちなのか、聞かせていただけますか。

大竹　昨今の大学には、「生命科学」という学部が登場してきています。古典的な生物学では対象にはなり得なかった遺伝子や細胞やナノテクノロジーを扱っているために、より高度な学問領域との期待もされています。ここから、生命現象の仕組みを生活に利用していくための技術が生みだされていくのでしょう。

一方で、生命科学は、学際横断的なジャンルであることも強調されています。ここには、宗教も文学も哲学も関わっています。もしかしたら、宗教が伝えつづけた理に科学が近づき、両行していくのではないかと期待しています。

玄侑　それは望ましいことですが、私は期待と不安と、半々でしょうかね。医学や生命科学の進歩は著しく、我々の寿命も延び、死病と言われた病気も克服できる可能性が増えてきました。しかし一方で、デザイナーベビー（受精卵に遺伝子操作をして望ましい形質を付与させて誕生させた子ども）に代表されるように、そうした技術が現在の資本主義下での欲望と分かちがたく結びついています。突き詰めて考えれば、新型コロナウイルスによるパンデミックも、戦争も、地球温暖化も、偶然同じ時代に起こったのではなく、すべて我々の資本主義が産みだした副産物ではないでしょうか。

あらゆる技術はこの社会では欲望に搦め取られます。「適度」で止めることができず、儲かるかぎりどこまでも突き進むのです。アインシュタインは、「現代科学に欠けているものを埋め合わせてくれる宗教があるとすれば、それは仏教である」と発言しましたが、我々はその言葉の意味をじっくり咀嚼(そしゃく)するべきだと思います。

大竹　アインシュタインはそのような発言をしているのですね。知りませんでした。「それは仏教である」に、教え子の自殺を乗り越えるきっかけがありそうです。おかげさまで、「渾沌」を見直すことができました。しばしば、私たちは命が還っていくと言いますが、渾沌のなかでは、生きていたときの痕跡のようなものが残るのでしょうか。

「唯識」という考え方を学び、輪廻転生を考える

玄侑　渾沌のなかに、生きていたときの、痕跡ですか……。それは残るとも残らないとも、一般論としては言えませんね。なぜならそれは「輪廻」に関わる問題だからです。それでは「輪廻」という問題を、ここでは「**唯識**」の観点から考えてみましょう。

唯識とは、個人とってのあらゆる存在が、ただ八種類の識（八識）によって成り立っていると考える大乗仏教の教えの一つです。ここでいう八種類の識とは五種類の感覚（視覚、聴覚、嗅覚、味覚、触覚）、意識、そして二層の無意識を指します。インド北方の瑜伽行唯識学派と言われる人々が提唱し、仏教が流入した当初に日本には将来されましたが、大元のインドや中国では資料の大半が現存せず、消えかかっていると言っても過言ではありません。日本仏教のすべての宗派に、唯識の考え方は浸透しています。『般若心経』の「五蘊」は大竹さんもご存じだと思いますが、「色、受、想、行、識」の五つですね。「色」が肉体で、あとの四つは感覚も含めた心理作用ですが、**唯識では、肉体もじつは心が深く管理していると考える**のです。そのため、いわゆる「識」というのを、表面化する意識だけでなく、更に二層の無意識に分けて捉えます。

我々は、眠ると意識が途絶えますね。そのときは感覚もだいたい休んでいます。しかし朝起きても認識が変わっているわけではありませんし、昨日と同じ統一体を保っています。これは、自分では意識できませんが、意識の領域をバックアップしている眠らない心があるからだと考えるわけです。いわば心の基盤のようなものですが、これを唯識では**阿頼耶識**(あらや)と呼びます。アラヤというのは、倉庫や蔵を意味します。意訳では「含蔵識」とも言いますが、あらゆる行動や認識の残り香のようなものを全て記憶して保存するとされ、個々の情報は種子(しゅうじ)、あるいは習気(じっけ)と呼ばれます。このおかげで我々は人格と呼べるような一定のまとまりを保てるわけです。

最も深い無意識が阿頼耶識ですが、その少し上部にあるのが**末那識**(まな)です。これは梵語の「マナス(意)」を玄奘三蔵が音写した言葉で、意識の背後で常に自己中心的にはたらくとされます。たとえば明日は早起きして地域の清掃に参加しなくてはならないという場合、意識は目覚ましをセットし、起きるつもりなのですが、末那識は自分一人くらいいなくとも問題ないだろうと思っていて、目覚ましを止めたあとまた寝込んだりするわけです。自己愛とも言えますが、怠け心のほうが近いことも多いですね。

後に**ユング**が「**集合的無意識**」(Collective Unconscious)と言ったのは、おそらく阿頼耶識をモデルにしていると思います。**フロイト**の**潜在意識**は末那識に当たりますが、いずれにしても西洋でこうした思考が始まるのは十九世紀後半以後。ところがインドでは四世紀にすでに「**六識（眼・耳・鼻・舌・身・意）＋末那識、阿頼耶識**」で考えていたのですから驚いてしまいます。

末那識は悪の元凶のように申しましたが、実際の動きはそれほど激しいものではありません。じつは微弱なのですが、たえず自分の都合優先で働きかけるので厄介なのです。

また阿頼耶識には、自分が忘れている過去もすべて貯められていますから、我々はその全てを背負って今を生きています。末那識は、自分中心の方向に我々を仕向けると言いましたが、この阿頼耶識も我々の認識作用にさまざまにはたらきかけます。**我々は無限の過去の影響を受けながら、今を生きる存在**だということです。

ところで我々が今生きているのは、前世で生への執着を捨てきれなかったからだと、唯識では考えます。阿頼耶識の情報の基盤には、突き詰めると**「生きたい」という執着心**があるようなのです。前世で生への執着心が捨てきれなかったから今の生がある。滅多にないことでしょうが、肉体が滅びるときに生への執着が断ち切れている状態を「解脱」とか「涅槃」と言います。むろんお釈迦さまはそれを三十五歳で生きたまま成し遂げたことになっていますす。しかし普通は、肉体が死ぬときも「生きたい」という執着心が残っていますから、それは今までいた肉体を離れ、新たな肉体に宿ることになります。これが「**輪廻**」ですね。

ずいぶん長い前置きになりましたが、聞いていただいて恐縮です。

大竹　こちらこそ、ありがとうございます。唯識については、十数年遭難したままになっていました。自らを救いだすチャンスが来たようです。

自殺も犯罪も、阿頼耶識に潜む感情エネルギーの爆発が原因

玄侑　さて、以上のことを前提にすると、すべての人の心の働きは、無限の過去から引き継がれていますから、誰もがほぼ平等ということになります。可能性としては平等で、その多くは阿頼耶識のなかに眠っているわけです。なんとなくその辺は遺伝子にも似ていますね。三毒と言われる貪(とん)・瞋(じん)・痴も、精進や禅定の心がけも、目指すべき智慧も、みな阿頼耶識に眠っていると考えていいでしょう。いわば善悪半々のさまざまな心がモグラ叩きのように出たり入ったりしているのです。

最近は特に、一見ふつうの人が突発的に犯罪に走ることが多いようですが、一方で大竹さんの生徒さんのような、自殺もなくなりません。唯識ではこれは、阿頼耶識に次々に送り込まれる同種の認識や経験の種子が知らないうちにどんどん蓄積し、自分自身も忘れているの

に瞬間的に爆発してしまうのだと考えます。「憎悪」のエネルギーが最も激烈ですが、ほかにもそうしたことを引き起こす感情はあります。

犯罪と自殺とを同列に語ることに驚かれたかもしれませんが、基本的にそれは爆発の向かった方向の違いだけだと思います。以前、自殺を引き起こす竜巻の話をしたかと思いますが、竜巻で自分が吹き飛ぶこともありますし、見知らぬ人が吹き飛ばされることもある。最近は、死刑になることを意図して見知らぬ人を襲うという形も多くなりましたね。

たとえば「お前なんかいないほうがいい」と、誰かが誰かに言ったとします。言ったほうの阿頼耶識にもその情報はすぐ入りますが、言われたほうはもっと強烈に刺さります。その後どうなるのかはそこまでの蓄積によって違いますから一概に言えませんが、どちらにも悪い影響が長く続くことは間違いありません。

お尋ねの渾沌のなかに残る痕跡、という件ですが、お察しのように私は阿頼耶識を渾沌に重ねてみたわけです。阿頼耶識にあらゆる体験や認識の種子や残り香がある、ということは、渾沌のなかに一つの生の数限りない痕跡がある、と見てもおかしくはないと思います。ただ、おそらく彼女の場合、生への執着を断って迎えた死ではないでしょうから、今はすでに輪廻して別な人の阿頼耶識に眠っているのでしょう。

阿頼耶識には正のエネルギーも負のエネルギーも眠っています。負のほうは、いわゆる煩悩ですが、これは簡単になくせるものではありませんから、なるべく眠ったまま起こさないようにする。それが仏道修行ということになります。

唯識では「伏」「断」「捨」と独特の表現をしますが、要は意識のなかに負の感情が上ってこないように「伏」する、しかも正の記憶はどんどん浮かび上がらせて活性化させる。日々のそうしたトレーニングがとても大事になります。むろんその先には負の心を「断」ち、「捨」てる、という段階があるわけですが、なかなか今生ですっきり果たせるとは思えません。

唯識は、あらゆる出来事や思いも記憶する阿頼耶識を想定しますから、ある意味取り返しがつかないというか、ちょっと怖い考え方です。それゆえ必ずヨーガの行とセットで学ぶようにと言われます。唯識を学ぶ人々は瑜伽行唯識学派というのが正式な名前で、唯識はヨーガ（瑜伽）によって体験する世界だとされます。「一即一切」の「一」が禅定による体験であったことに通じますね。

渾沌も阿頼耶識も「一」も、各自にありながら全て繋がっていますから、大竹さんもヨーガとか坐禅に励めば、彼女の痕跡、種子に出会うこともあるのではないですか。

仏教を理解する、というのも必要かもしれませんが、「華厳」も「唯識」も、ヨーガや坐禅による深い禅定から生まれた体験的認識であることを忘れてはいけないと思います。もしかするとそこが、理で詰める哲学との違いではないでしょうか。

大竹　そうですね。坐禅から得る体験的認識は重要だと思います。言葉では理解できない感覚的な何かを得ることができるからです。まだ大学にいた頃に、松原泰道（たいどう）和尚や福島慶道（けいどう）老師の著書に触れ、初めて谷中（やなか）の全生庵（ぜんしょうあん）の坐禅会に参加しました。和尚さまたちのお話から、「体験なき思索は危険だ」と考えるようになりました。「励んでいる」というレベルではありませんが、お寺での哲学会を開く際には、ご住職たちに坐禅指導をお願いしています。

お地蔵さまに御真言を唱えて無心になる

大竹　余談ですが、坐禅以上に「励んでいる」かもしれないのは、お地蔵さまへのお祈りでしょうか。幼少期より、なぜかお地蔵さまに惹かれていたのですが、彼女の自殺をきっかけにお地蔵さまへお伝えする言葉が決まりました。一番多くお伝えしているのは、建長寺のお地蔵さまでしょうか。家にも玄関脇に、お地蔵さまが鎮座しています。
「アラヤは倉庫や蔵を意味する」とお聞きして、思い出したことがあります。以前参上したときに和尚さまは「地蔵」についてお話ししてくださいました。

お地蔵さまへのお祈りは、坐禅やヨーガの代わりになったりするものでしょうか。

玄侑　それは佳い仏さまに注目されましたね。お地蔵さまは梵語で「クシティ・ガルバ」と言いますが、大地（クシティ）の子宮あるいは蔵（ガルバ）という意味です。つまりあらゆる命がそこへ還るだけでなく、そこから生まれる所でもあります。

大竹さんもご存じでしょう。仏滅後五十六億七千万年後に弥勒（みろく）菩薩が下生（あしょう）しますが、それまでの救済は現場の地蔵菩薩に任されています。現場というのは、六道を巡る娑婆世界ですが、地獄・餓鬼・畜生・修羅・人間（じんかん）・天ですね。これは唯識から見ると、瞬間的な心の変遷とも受け取れますが、人が生まれ変わり死に変わるときは必ず六道の入り口を通るとされ、その入り口を中心に六道すべてを守備範囲にしているのが地蔵菩薩です。きっとお地蔵さんなら、彼女のこともご存じでしょう。

大切なのは、祈ることが自分の思い込みを強めることにならないようにすることです。唯識ならずとも、我々は自分が勝手に創りあげた世界にあまりにもこだわっています。五官は「識」の奴（やっこ）のようなものですから、見るもの聞くこと、どうしても思いを強める方向に証拠集めをしてしまいます。そうではなく、お地蔵さんに祈る場合も、心をカラリと広げて、静寂を味わうのです。

ご存じかもしれませんが、地蔵真言をご紹介しましょう。あまり時間がないときは、これを奇数回唱えてみてください。

オ（ー）ン　カーカーカ　ビサンマーエィ　ソワカ

インドで考えられた御真言は、独特の音韻学に支えられています。このマントラ（御真言）も「ア」段が多く、唱えるうちに広々とした大きな気持ちになってきます。要は心を素直に音に任せることです。大竹さんはきっと意味が気になるでしょうから、申し上げます。「オーン」は通常「帰命（きみょう）」と訳されますが、始まりを意味する「オ」と継続の「ウ」、そして終わりを意味する「ム」から成る呼びかけですね。じつは狛犬（こまいぬ）や仁王さまの「阿吽（あうん）」も、かつての「オウム真理教」の「オウム」もこの「オーン」に由来します。

ここで呼びかける相手は「地蔵菩薩」なので、お地蔵さんの「種子」とされる「カ」という音を三回繰り返します。この「種子」は唯識の「種子（しゅうじ）」とは違って「しゅじ」と訓むのですが、密教用語で特定の仏尊を象徴する一音節の呪文（じゅもん）です。この種子でお地蔵さんに呼びかけるとすぐさまお地蔵さんが立ち上がります。そして出現した地蔵菩薩を「ビサンマーエィ（希有な方よ）」と讃え、すぐに「ソワカ（成就した）」と感謝するのです。

何が成就して、何に感謝するのかは語られません。そこがこうしたマントラの凄いところですね。

先ほども申しましたように、束の間でも心を静寂にして、無心になることが大切です。外側からの情報をできるかぎり断ち、自らの声の響きに聞き入るのです。通常、口で話すということは外側への発信になりますが、マントラを唱えることはむしろ内側からの受信です。読経とは、響きに聞き入る行為なのです。

阿頼耶識には善いもの悪いもの全てが眠っていると申しましたが、音だけじゃなく香りや風景なども種子が目覚めるキッカケになります。要は善いものが目覚めるような行為や環境を選び、邪悪な心が目覚めないように振る舞うこと、それが仏道修行だと思います。

善い人と悪い人、乱暴な人と温和な人がもともといるのではなく、目覚めている阿頼耶識の違いでその違いが現れる、というのが唯識の考え方です。親鸞聖人が誰でも状況さえ整えば人殺しになる、と言ったのはその意味です。同様に、自殺の可能性だって誰にでもあることになります。所詮我々は、この世で百年生きたとしても、それは八十七万六千時間に過ぎません。問題は、そのうちどれだけの時間を、無心は無理でも心穏やかに過ごせるか、瞬間的な憎悪や怒りを目覚めさせずに過ごせるか、ということなのです。

「祈り」とは、「おねだり」ではありません。お地蔵さんには何もお願いする必要はありません。ただお地蔵さんの目から見て、あるべきように「成就した」「愛でたい」（スヴァーハ↓ソワカ）と唱え、こちらはそれを信じればいいのです。マントラの響きや自らの「祈る」という行為、そして目の前のお地蔵さんのお顔や姿などが、総合的に阿頼耶識にはたらきかけ、時に人は一瞬でも仏の世界を感じたりする。そんな瞬間を、徐々に増やしていくしかないのではないでしょうか。

ところで大竹さんは怖いものより優しいものに惹かれる、とのことですが、じつは宋代の中国で、お地蔵さんが閻魔大王の化身だという考え方が広まります。日本にも平安時代に伝わるのですが、これは的確な救済には冷徹な観察眼が不可欠だという考え方に拠るのでしょう。閻魔大王は冷徹で公平な判断力の持ち主ですから。毎日玄関で眺めて拝むお地蔵さまだと思いますが、じつは向こうがこちらをじっと観察しているのかもしれませんよ。

大竹　「オン　カーカーカ　ビサンマーエィ　ソワカ」と、まずは二日間お唱えしてみました。奇数回だったかは定かではないのですか、「あれ？」という奇妙な感じが出て来ました。なんと言いましょうか、音が蝶や蜻蛉のように宙を舞っているような感覚です。音が響いているとそんな感じになるのか、と思いました。

これまでまったく浅はかにも、マントラが「オープンセサミ（ひらけゴマ）」のような秘密の呪文、未知の扉が開くような呪文だと思っていました。マントラを唱えることで、それに対応する神仏のミラクルパワーが自らの内に目覚める、そんなイメージなのですね？

阿頼耶識に潜む前世の情報、「種子」と「有根身」と「器世間」

大竹　話を元に戻します。阿頼耶識の理解が中途半端で恐縮ですが、阿頼耶識では、「善い悪い」も種子になるのでしょうか。たとえば自殺ですが、これは「悪い」体験として記憶されていくのでしょうか。反対に、生への執着を断ち切っていれば「善い」体験になるのでしょうか。もしそうだとしたら、阿頼耶識に蓄えられた「善か悪か」どちらの種子が目覚めるかによって、「善い人」「悪い人」になるのでしょうか。

もう少しだけ手解きいただけますか。

玄侑　誤解を招く言い方だったかもしれませんね。「善」「悪」などという分別は第六意識の管轄で、阿頼耶識はもっともっと不明瞭なものです。唯識の専門家たちには阿頼耶識が「無色透明」だと言う人もいますが、私にはもう少しまったりしたイメージですね。

我々の認識の成り立ちをあらためて申し上げましょう。阿頼耶識は「**本識**（ほんじき）」といって、認識の最も底流にある基本的なものです。ここにはその人の一生に亘る経験や思考や認識はもちろん、先祖からの情報も**「種子」**とか**「習気」**という状態で入っている。それは具体的な情報というより、残存気分のようなものですから「習気」と呼ばれるわけですが、ここに種子として入っていくことを**「薫習（くんじゅう）」**といいます。

阿頼耶識の上層に末那識があり、その表層に通常の意識である**第六識**、さらに五官を通じた**前五識**があります。これはいわゆる「眼・耳・鼻・舌・身」の感受する認識ですね。当然そこにも阿頼耶識や末那識が影響しています。

「善」「悪」で悩んだり、社会性と自己中心性の板挟みで日頃から苦心しているのは、第六識ということになります。いわゆる意識ですね。

阿頼耶識は、底流から末那識に影響を与え、さらに意識や前五識にも影響していますが、そこには種子を「因」としつつ無数の「縁」が関わってきますから、影響力は次々に転変していきます。つまり、**「本識」から「転識（てんじき）」**していくわけですが、その変化は我々の理解を超えています。唯識を大成したインドの思想家、世親（せしん）の『唯識三十頌（さんじゅうじゅ）』には、「恒（つね）に転ずること暴流（ぼうる）の如し」と描かれます。

ところでこのように**意識と無意識を三層に分けて考える唯識**ですが、すべては「識」である以上、認識対象を持っています。そして**阿頼耶識の認識対象**とされるのが、**「種子」と**

「有根身（うこんじん）」と**「器世間（きせけん）」**なのです。「種子」については行為や認識の残り香、残存気分と先に申し上げましたが、ここには無数の情報が分別されない状態で混融しています。ですから「善」も「悪」もないわけですが、じつにさまざまな種子に共通するのは以前申し上げたように**「生への執着」**です。そしてここには**過去の全てが含蔵**されていて、そこから現在と未来が生まれます。これこそが阿頼耶識の根源的で最大の意義と言っていいと思います。

残りの二つの認識対象である「有根身」と「器世間」は、前者は**五根を有するこの肉体のこと、**後者は**その肉体を取り巻く環境の全て、**むろん自然も含まれます。唯識の用語では**「執持（しゅうじ）」**というのですが、阿頼耶識はこれら「種子」と「有根身」、「器世間」を執持している、つまり保持して管理しているのです。

それまで執持してきた「有根身」を、阿頼耶識が手放す瞬間が、いわゆる死と言われる現象です。そうなると当然「器世間」も無意味になって、「種子」だけが残ります。それゆえ阿頼耶識を**「一切種子識」**と呼ぶわけです。一般的な考え方では、死によってすべてが終わり、無に還ると考えますが、唯識ではそうは思わないのです。**過去のすべての行動情報は、種子としてそのまま次の生の阿頼耶識に受け継がれる**のです。

以前、阿頼耶識を遺伝子に喩えましたが、あれも誤解の元だったと反省しています。大きな違いは、遺伝子やＤＮＡはそもそも物質だということです。最近ではその物質を操作して改変する技術が実用化されていますが、唯識が説く**阿頼耶識や種子は**、**およそ改変など不可能**です。そしてその改変できないことに、むしろ宗教的な意義を見出すのです。

今の大竹さんには、改変はできないけれども上書きはできると言っておきましょうか。マントラを唱え、その響きに無心に聴き入る時間は仏の世界に倣う「善」なる時間です。一般に仏教では、善と悪ではなく、善と不善、そして無記の三性を措定します。社会的な価値判断とは関係なく、**仏の世界に順ずることが「善」**、**反するのが「不善」**、**どちらでもないのが「無記」**です。その意味で、阿頼耶識そのものは無記性ですから、種子から芽吹いたものが「善」の方向に転ずるような「縁」を、意識して創ってほしいということです。

彼女の死についても、どう転んでもその事実が改変できるわけではありませんし、阿頼耶識に入った種子も変えられません。阿頼耶識は大河の底流のようなもので、表層の意識の影響がそう簡単に及ぶことはないのです。しかしいかに底流とはいえ、次々に行なう行為もほどなく種子として同じ底流に薫習されていきます。そのじわじわと増す種子の影響力を諦めないことです。

仏教では「**退屈**」という言葉を、本来の「退き屈する」意味で使いますが、ともすれば退屈しかける心を「**勇猛錬磨**（ゆみょうれんま）」せよと、唯識は励まします。本来は無意識世界が意識の基盤ですが、意識世界で「勇猛錬磨」しつづけることで、無意識世界に多少なりとも影響を与えられるということです。そのことを唯識では、**「種子生現行　現行薫種子」**と言います。現行とは我々のあらゆる行為のことですが、それは種子が元で生じるのですが（種子生現行）、現行がまた種子を阿頼耶識に薫習する（現行薫種子）、というのです。我々の人生はその繰り返しということになります。

大河に浮かんだ小舟を漕ぐような心境でしょうか。しかしただ流されるままになるのではなく、漕ぐことで大きな流れも認識できますし、ある程度の方向付けもできます。所詮、我々にコントロールできるのは第六意識に過ぎませんが、せめて深く力強く漕ぎたい、ということですね。

大竹　ありがとうございます。未熟ですが、阿頼耶識について自分なりに整理してみました。阿頼耶識に蓄えられる「種子」に、善も悪もない。「種子」として、先祖や友人知人たちの生死、すなわち人類の生死が阿頼耶識に薫習されている。つまり、死とは「無に還る」のではない。死を通して生が受け継がれていく。阿頼耶識や種子は、私たちが変えたくても変えられるものではないが、「仏の世界に順ずる」ことで上書きはできる。

阿頼耶識の無限に圧倒されそうですが、それに退屈するのではなく勇気を持って舟を漕ぐ、つまり生き切ることが「仏の世界に順ずる」ことかと理解しました。

教え子の死を対象とするのではなく、私自身が「善く生きる」ことで、彼女の死という事実が上書きされていき、意味が変わってくる。問題は、私自身にあるようです。

普遍的な事実というものは存在せず、全ては「識」が作りだすフィクション

玄侑　ううん。最後はとてもいいのですが、ちょっと、いや、かなり誤解もあるようですので、説明を加えておきます。

まずご注意いただきたいのは、上書きは「善」の方向にも「不善」の方向にもあり得るということです。先にご紹介した「種子生現行　現行薫種子」はそのあと「三法展転　因果同時」と続くのですが、それは要するに、大元の種子を第一法とすると、そこから現れた現行が第二法、それを含んで薫習される種子は第一法とは違う第三法だというのです（ここで法とは事柄ほどの意味）。しかもその三つは展転して因果同時、どちらが因でどちらが果かもわからないくらいめまぐるしく瞬時に行なわれます。

つまり、大切なのは、我々が見たり感じたりする世界は世界そのものではなく、**「唯（た**

だ）識」に過ぎないということです。阿頼耶識は気づかないうちに行為や認識の基盤になっていますし、末那識は自分好みにその認識を加工し、色づけし、時には嘘とも思えるほど対象をデフォルメしてしまいます。無かったものを有ったことにする、などという大胆な演出までしてしまうのが末那識の恐ろしさです。更に五感や意識も、当然その影響で変化します。こうした変化を唯識では**「能変（のうへん）」**と呼ぶのですが、阿頼耶識で起こるのが「初能変」、次に末那識で「第二能変」が起こり、最後の意識や前五識による「第三能変」までが連続してこれまた瞬時に起こるわけです。現行を起こす潜勢力はむろん阿頼耶識にあって、そこから現行が芽吹くのですが、決してそのまますんなり行為や認識になるわけではないということです。注目すべきは、最初の能変が意識や感覚のレベルで起こるのではなく、一番深い阿頼耶識で真っ先に起こってしまうことですね。ある意味、手がつけられない感じがしますが、それでも我々は「現行薫種子」を信じて微力な上書きを続けるしかないのです。

　また大竹さんは今、「彼女の死という事実」とおっしゃいましたが、それじたいがこうした「能変」を経た認識であることを知ってください。そこには、大竹さんの死生観や長年の認識傾向はもちろん、深い無意識が促す直観的な判断や、仄聞（そくもん）からの推論だって入っていることでしょう。もしかしたら末那識がヒロイックな気分を導く演出を勝手にしているかもしれません。暴流の如き転識ですから内実は知る由もありませんが、我々凡夫に「事実」などわからないことだけは確かです。

ちなみに、『華厳経』という経典は唯識との親和性が高く、「**唯心偈**（ゆいしんげ）」と呼ばれる部分には唯識の象徴的な思想が色濃く感じられます。「唯心偈」の冒頭には、「心如工画師（心は工（たく）みなる画師の如し）」とありますが、むろんこの「心」はトータルに識を言ったものです。識こそがあらゆる世界を画家のように自在に描きます。そしてこの経典が凄いのは、その点では仏も衆生も同じだと言い切ることです（「心仏及衆生　是三無差別（心と仏及び衆生との是の三に差別無し）」）。すべては心が造ったもの、というのは仏さまの認識でもある。だから我々衆生もそのように認識すべき、ということですね。当然、識の描いた画は「空」なのですが、そこを認識するのが衆生には難しいのでしょう。ただ、そこさえ諒解すれば、世界中の悩み苦しみは一瞬にして霧消するはずです。画を描かせる大元の我執が「空」なのですから、その気づきは画期的ですよね。古来この「唯心偈」が「破地獄の偈」とも呼ばれるゆえんです。

識の能変の個別性によって、人はみな全く違います。これを「**人人**（にんにん）**唯識**」と言うのですが、同時に人は、阿頼耶識に同じような種子も無尽蔵に抱えています。そこが「事事無礙法界」を可能にする背景ではないでしょうか。

大竹　う～む、なんだか大変難しい展開になってきましたね……。自分の周りで日々起きたと感じたり認識したりしていることは、実は過去から阿頼耶識におさめられていることの上書きであり、さらに自分が認識していると思っていることは、三度も「能変」を重ねた結果であるから、そもそも「事実を認識する」という考え方そのものが間違っているということなのでしょうか？　識の描いた画が「空」というのは、世の中には普遍的な事実などは何もなく、すべては各人の心のありように過ぎないということなのでしょうか？

玄侑　概ねそのとおりです。普遍的な事実などないと考えるのが唯識です。見る人が違えばどんな事象も違って見えるはず、と受け止めるのです。ただ「上書き」という私の言い方が紛らわしかったですね。ＰＣの「上書き保存」は以前の文章を消してしまいますが、阿頼耶識ではそういうことは起こりません。我々は過去のすべてを背負ったうえで、新たな行為や思いによる新たな種子をほんのわずかばかり増やせるに過ぎません。しかも**「種子生種子」**とも言いますから、阿頼耶識の内実は誰にも把握できないと考えたほうがいいと思います。

　そのような阿頼耶識が能変してまず我々の向き合う世界を歪(ゆが)ませ、更には末那識が自己中心的に能変させ、そのうえで第六意識や前五識とされる五感まで能変するわけですから、これはもう、「世界」も「私」もフィクション、腕のいい絵描きの描いた絵です。

そう聞けば、どうしようもないと感じるかもしれませんが、鍵は第六意識にあります。我々は自分の深層の心を操作することはできませんが、第六意識だけは自在にコントロールできます。いや、できるはずです。ヨーガを用いてそうしたコントロールを極め、深い禅定のなかで「覚」を目指すのが本来の唯識仏教なのだと思います。

全ての「識」は「空」に通ずる

玄侑 底なし沼のような阿頼耶識の話ばかりしてしまいましたが、明るい展望にも触れておきたいと思います。

唯識仏教は、「空」を説いた『般若経』を前提にしていますから、じつは阿頼耶識にも末那識にも実体はないと考えています。仏道修行によって「**転識覚智**（識を転じて智を得る）」が起こり、前五識は「成所作智」に、第六意識は「妙観察智」に、第七末那識は「平等性智」に、そして第八阿頼耶識は「大円鏡智」に転ずるというのです。ここで四つの智慧の詳しい内容には立ち入りませんが、こうした夢のような一大転換が起こり、その「覚」の状態では阿頼耶識や末那識が「止滅」すると言われます。一切の先入観なく、「真如」や「実相」が見える、というのがブッダ（覚者）なのですね。私などには見当もつかない世界ですが、このような展望で禅定のための行を併修しないと、唯識には危険な面もありますので、敢えて申し上げました。

唯識の素人がいろいろおこがましいことを申しましたが、私は最終的には**「色即是空」**であると共に**「識即是空」**という見方が大事だと思います。何層にも重なった「識」が能変して作り上げるのが我々の見聞きする「色」の世界ですが、結局それは大元の「識」が「空」なのです。単独の自性を持たず、縁起のなかでの無常なる現れに過ぎない。『般若経』には「輪廻を怖れず」とか「涅槃に住せず」という言葉も出てきますが、それは**「輪廻」も「涅槃」も執着しなければ「空」**だからです。実体のわからない阿頼耶識に怯え、輪廻を怖れることも、阿頼耶識が止滅するという「涅槃」にこだわることも、『般若経』は否定するのです。

実体にこだわっていた大竹さんを、お連れした場所が「空」になるとは、私も予想していませんでしたが、なぜかそうなってしまいましたね。

大竹　ありがたいことに、ぐるりと巡って「空」へと導かれました。繰り返すようですが……「関係性のなかで変化しつづける状態」が「空」、「感覚器官と脳で捉えたこの変化の一部」が「色」でした。そして「空」は輪廻にも涅槃にも執着しないこと。ここが救いになりそうです。

玄侑　ここで「空」が出てきたのは本当に巡り合わせなのですが、初めの頃に出てきた印象とはだいぶ違うでしょう。大竹さんもいま「救い」とおっしゃいましたが、唯識を旅して阿頼耶識の執拗な力を感じてきたからこそ、そう思うのではないですか。

また「華厳」の事事無礙法界も、すべてが「空」であるがゆえに可能になる、なんとなく、そんな気がしませんか。やはり大乗仏教の基本は、この「空」の認識なのでしょうね。思えばこれが、西洋と東洋を大きく隔ててきたようにも感じます。

大竹　しかし、「色即是空」のなかでなお、私たちはどのように生きればよいのでしょう。修行者のごとく、「覚」を目指して生きる。これが答えにもなりそうですが、私には生きる理由、目的のようなものが、あまり馴染みそうにありません。

玄侑　生きる理由、目的という話ですが、我々には本来的に生きる理由や目的はありません。敢えて言えば、生まれたから、生きている、ということになりますが、「I was born.」という受け身の事態が人生の始まりだったことは、自覚していいと思います。生まれ、そして大切に育まれたから、その後も大切にしていく、というのが理想でしょうが、今は大切にされなかった命もたくさんありますし、いずれにせよ、それは暫定的な価値観に過ぎません。あらためて思春期などに自我に目覚め、生きる理由や目的などを自らに問い詰めるのでしょう。今となっては、理詰めではどうしても答えが出ない問いがあるのだとわかりますが、思春期にはそうは思えませんよね。今の若者たちはＰＣやＡＩのせいで、なおさら答えが出ないことなど想定できませんから、悩みは深いと思いますね。もしかしたら、そうした問いに生涯をかけて答えようとするのが哲学者なのではないでしょうか。

大竹　哲学者としてはお手上げのような（笑）、理詰めではどうしても答えが出ない問題が多いのはなぜでしょうか？　こうした問いが、年々増えていくようにも思うのですが……。

玄侑　理詰めでは答えが出ないというのは、そこに予測不能な環境やご縁が関係してくるからでしょう。現在の気候変動もパンデミックも、あるいは戦争もそうですが、人生は予測不能なことばかりです。一言で言えば、我々の体も含めた「自然」ということかもしれませんね。そうした「自然」とどう折り合って生きていくのか、それが仏教をはじめ、多くの東洋的宗教の大きなテーマになっていきます。ブッダの「縁起」の思想もそこから出てきたのだと思います。

浄土系の仏教は、阿弥陀如来を祀りますが、親鸞聖人は「阿弥陀仏とは自然のことなり」と言っています。また密教も山岳宗教と融合しながら宇宙観ともいえるような自然観を持っていますし、禅のメインテーマも「自然」と言っていいと思います。

「自然」の象徴が「龍」ですが、西洋のドラゴンはサタンの使いですから撲滅すべき相手ですが、東洋ではとにかく「龍」を味方につけようと各宗教がいろんな儀式をします。臨済宗では本堂に法鼓という大きな太鼓があって儀式の前に独特のたたき方をしますが、あれは雷を真似た音で龍を招き、その儀式がうまくいくようにという祈りの太鼓です。「法鼓雷鳴」と言います。何事も、自然に味方してもらい、ご縁が調わないとうまくいかないと考えている、ということですね。

私などのように、一つの宗教宗派に所属すると、その時点である程度「善」「悪」、「善」と「不善」と「無記」が決まります。「善」や「不善」は、すべての人間に予め決まっているわけではなくて、一つの価値体系に所属したときに初めてはっきりするわけですね。「四弘誓願」がすべての仏教徒に共通する誓いですが、そうした誓いをしたからこそ、それに反する行為が「不善」だとわかりますし、おのずと「無記」、つまりどちらでもないものも見えてきます。窮屈に感じるかもしれませんが、こうした当てがい扶持のルールは、むしろ

「自由」を感じやすい仕組みです。それがないと、いわゆる一般的な倫理や道徳に縛られることになりますが、これこそ窮屈というものですし、「無記」もはっきりしません。

これまでの唯識の話で充分感じられたと思いますが、我々は今のままでも間違いなく過去を背負い、人類の連綿たる歴史の上に立っています。あらゆる過去の上に今があるわけですから、むしろ過去そのものは考えなくていいんです。問題は今からの時間をどうするのか、どう生きるのか、ということだと思います。

ブッダが亡くなる直前、どうしてもと言って面会を乞う老人がいました。お側付きの阿難尊者はブッダの容態も良くないのでと三度断るのですが、結局ブッダは面会して教えを説き、このスバッダという老人がブッダの最後の弟子になります。私はこのスバッダを想うとき、ブッダの伝道にかけた熱意の大きさ深さもさることながら、百二十歳の遍歴行者だったともいわれるスバッダのこのときの悦びを想ってしまうのです。この日のうちに彼は阿羅漢果（「悟り」の意味。阿羅漢（アルハット）は原始仏教における修行の最高位）を得たとも言われますが、幾つになっても人にとって歩むべき道を見出した悦びは最大の悦びだと思うんですよ。

大竹　「I was born.」。そして「自ら生きるにあらず、生かされている」。人生に巻き起こる苦難もまた、さまざまな縁起が、歩かせるために起こしているように感じました。「自然」は思い通りにするものではなく、思い通りにならないもの。こう考えれば、いっそう、勇気をもって生きていけそうです。自殺は、「自ら死ぬ」ことと考えていましたが、何か違うように思いました。

「大乗円頓戒」の「十重禁戒」に集約される仏道

玄侑　大竹さんは、伝教大師最澄が一生をかけて実現した大乗戒壇での戒律、つまり「大乗円頓戒(えんどんかい)」の中の「十重禁戒(じゅうじゅうきんかい)」を学ばれると良いかもしれませんね。これは比叡山で修行した各宗の祖師たちにも受け継がれていますから、いわば宗派色もありません。ただ親鸞聖人の浄土真宗は、持戒によって自力の念が生ずることを懸念し、「無戒」という独特の立場を取りますが、これも優先事項が違うだけで、特にこの戒を否定するわけではありません。

以下にその内容を申し上げましょう。ちなみに、これらの戒は『梵網経』のさまざまな注釈書を典拠とするため、宗派により、典拠にする注釈書の違いで多少言葉遣いの違いはありますが、内容がさほど違うわけではありません。ここでは私が実際にこのお寺での授戒のときに使っている文言を紹介します。

十重禁戒

第一不殺生戒　すべてのものの尊き生命を軽んずるなかれ。
第二不偸盗戒　与えられざるものを不正に手にすることなかれ。
第三不邪淫戒　道ならぬ所業に心を惑わすことなかれ。
第四不妄語戒　偽りの言葉に馴れて人を欺くことなかれ。
第五不飲酒戒　無明の酒を飲み、正体を失うことなかれ。
第六不説四衆過罪戒　他人の過ちを言いふらすことなかれ。
第七不自讃毀他戒　己の所業を誇り、他を悪しざまに言うことなかれ。
第八不慳貪法財戒　物でも心でも人に与えることを惜しむなかれ。
第九不瞋恚戒　一時の瞋恚によりて己をとり乱すことなかれ。
第十不誹謗三宝戒　仏法僧の三宝に不信の念をいだくことなかれ。

右、十の禁戒は日々刻々の慎みなり。

よくこれを持つべし。
汝、是を能く持つや否や

実際の授戒会では、一節ごとに私が唱え、得度者が復唱し、最後の「能く持つや否や」で得度者に「能く持ちます」と答えていただきます。

注意すべき点をいくつか挙げますと、まず第一不殺生戒の対象は人に限らず、また殺人の場合は教唆するのも罪になります。また第三不邪淫戒は、本来は在家用の表現で、出家者の場合は「不淫戒」ですからすべての性行為が禁じられます。しかしそうなると日本の僧侶は困るので、こちらの在家用で代替しています。第四不妄語戒は、あらゆる嘘や誇大表現を禁じますが、ここで最も否定されるのは悟ってもいないのに悟ったと言うこと。「禅定を得た」などという嘘も、とても悪質だと考えているわけです。第五は本来「不酤酒戒」ですから、酒を売ってはいけないということですが、いつしかより多くの人々に関係する「飲酒」への注意事項に変わってきました。第六から第十までは、すべて口や心中の思いについての制約です。どれも「不〜戒」ですから禁じているわけで、禁を犯すと僧侶なら僧職剝奪、教団追放に当たるような重罪ということで「十重禁戒」と呼ぶのですが、逆の見方をすれば、仏道を歩むにしたがって次第にこれらの罪を犯さなくなる、ということですね。

この「十重禁戒」の他に「四十八軽戒」というのがあり、併せて前出の「大乗円頓戒」（あるいは単に「円戒」、また「大乗菩薩戒」）とも呼びます。僧侶になる場合は「四十八軽戒」も併せて授けますし、天台宗では三千仏礼拝という苦しい五体投地の行が伴うことになりますが、大竹さんにはまずこの「十重禁戒」から学びを始めるのがよろしいかと思います。

こうしてさまざまな経典の思想を集合した「仏教」は、戒を受け、具体的に行動を伴うことで「仏道」になります。人において一つにまとまるわけです。いや、むしろ「仏教」という言葉こそ明治以後の新しい術語で、それまではずっと「仏道」と呼ばれていましたから、それこそまさに終わりのない生き方の指針なのだと思います。終わりのない、というのは、人間「わかっちゃいるけど……」というのがありますから、これらの戒に全く抵触しなくなる日はなかなか来ないということです。

どうですか、大竹さん、仏道を目指すことでいろんなことがクリアになります。「善」と「不善」と「無記」もはっきりします。哲学しながら仏道を生きてみませんか。

そうして「空」や「縁起」や「事事無礙法界」なども哲学の射程で見直してみてください。あるいは「気」や「渾沌」を用いた東洋の見方も、大竹さんの哲学に包み込んでもらえたら嬉しいですね。

大竹　「十重禁戒」には、酒・タバコなどを受けつけない自分には、比較的容易な戒があります。一方で、完遂は難しそうなところもあります。特に、第十の不誹謗三宝戒は難しそうですね。というのも、仏法僧の「僧」に少なからず失望しているところがあるのです。汚い言葉を使用しますが、「これで僧侶なのか？」とガッカリさせられたこともしばしばあります。

玄侑　あぁ……、そういう問題がありますか。どんな世界でもそうだと思いますが、その道から外れていると思える人はいますよね。しかしべつに全ての僧侶が尊敬できなくてもいいんですよ。心から尊敬できる僧侶が周囲に一人いれば、私はそれでいいと思いますよ。

尊敬とか信頼、あるいは失望なども、ある意味でこちらの一方的な感情です。会う人ごとにそういうジャッジをしてしまうものですが、ここで求められている「篤く～敬う」というのはそうではなく、もっと継続的で意志的なものです。

善財童子の求道の旅から学ぶ「悟りへの道」

玄侑　『華厳経』の最後の章である「入法界品」に、善財童子という若者の求道の旅が描かれています。この旅に特徴的なのは、まず尊敬する文殊菩薩に勧められて南方の和合山に住む功徳雲比丘（くどんうんびく）を訪ねるのですが、次の行き先はその功徳雲比丘が示す、ということです。つまり、最初の文殊菩薩への信頼が確かですから、その勧める人も当然師ですし、その人が勧める次の人も「善き師」なのです。いわば数珠繋がりに師が決められていくわけで、自分がジャッジするわけではありません。

そうして善財童子は五十三人の師を訪ねるのですが、これが元になって「東海道五十三次」ができたとも言われます。

功徳雲比丘は観想念仏のエキスパートでしたから、善財童子はきっと「仏を心に念ずる」ことの大切さを学んだのでしょう。次にはこの方に勧められて海雲比丘に会うのですが、こちらは海の専門家でしたから、大自然の怖さや恵み、また自然と調和した生き方を学んだのだと思います。しかしそうして次から次に会いに行く相手が、必ずしも一見して「善き師」に見えるとはかぎりません。なにしろ五十三人のなかには、菩薩や比丘やバラモンだけでなく、少年や少女もいますし、商人や漁師、女神や女性信者、金細工師もいます。なかには一見して仏道に反するように見える人もいて、「反道行」と名付けられていますが、代表的なのは十人目の方便命バラモン（婆羅門）と十八人目の満足王、そして二十六人目の遊女ヴァスミトラー（婆須密多女）でしょうか。

方便命バラモンは苦行の実践者で、善財童子が訪ねていくと「刀の山を登り、火の海に身を投ぜよ」と迫ります。しかしブッダ自身、苦行を否定して菩提樹の下で安坐して正覚（さとり）を得たわけですから、これは「正教」ではないと、善財童子は疑念をいだきます。しかしそのとき、諸々の天神が虚空から童子にその判断の誤りを告げるのです。ここで重要なのは、尊敬する師が自分のために推薦した人である以上、その人は必ずや師なのだという「信」です。天神たちの声に童子は反省し、思い切って刀の山に登り、火の海に身を投じます。すると童子は特別な三昧力を得るのです。師を信じて捨て身になったことの功徳でしょう。

十八人目の満足王の場合は、満幢城の王なのですが、その王法を犯した者に仮借ない刑罰を与えています。手足を切るとか、火炙りとか、そんな場面を童子は見てしまい、「この王は悪中の悪、第一の悪人」ではないかと思います。しかしやはりそのとき天から声があり、方便と智慧の不可思議さを説くのです。童子はまたしても自分で勝手に判断し、この王が自分の師であることを疑ったのですが、童子はここでも反省し、悪事に対する相応の報いや輪廻についても学ぶことになります。彼らの犯した罪の重大さを知れば、王の厳罰は極悪事を為した人間を導くための方便（化作）であったこともわかってきます。満足王は「蟻一匹殺す気も自分にはない」と言うのです。現在の罪と罰の感覚とは違うかもしれませんが、ここには当時の「目には目を」的な懲罰観も映されています。

二十六番目に登場するのが遊女ヴァスミトラーですが、彼女の住む「宝荘厳」という町でその所在を訊くと、悪い噂と好い噂が半々に耳に飛び込んできます。彼女に会うことを勧めてくれたのは獅子奮迅比丘尼ですが、善財童子は比丘尼の教えに従って疑いなくヴァスミトラーに会いに行きます。

華麗な家に住む絶世の美女だったようですが、善財童子はそこで「抱擁」や「接吻」の功徳まで説かれ、愛欲さえ浄化され得るものであることを学びます。彼女の体から発する光に触れる者は誰でも「歓喜悦楽し、身心柔軟にして煩悩の熱を滅す」とされていますが、もはや疑っていない童子はそこでも貴重な教えを受けたわけです。

その後童子は、五十二番目に弥勒菩薩に会い、発心の重要さと師に学ぶことの大切さを諄々と説かれます。そして弥勒菩薩は、最初にこの旅のキッカケを作ってくれた文殊菩薩の所に再び戻るよう勧めるのです。これは最初の発心こそ最も大切であるとの教えでもあるのでしょう。『華厳経』の「梵行品」には「初発心時　便成正覚」という有名な言葉がありますが、初めて発心したときこそ正覚を成じている、というのです。最後に普賢菩薩が登場し、善財童子は菩薩道の完成へと導かれますが、すでに童子が振り出しの文殊菩薩の所へ戻ることは予感されています。言い換えれば、こうして童子の師たちは円環をなし、数珠繋ぎに繋がりますが、これは「発心こそが仏のさとり」という繰り返しの円環なのです。日々初心に還る修行の持続こそ仏道の本質ですし、それ以外に正覚に至る道はありません。

　どうですか大竹さん、『華厳経』は最終的には菩薩として着実に歩むことを勧めている経典ですが、発心したらすでに菩薩です。「篤く三宝（仏法僧）を敬う」の「僧」とは、職業のことではありませんよ。菩薩の仲間というのが本意ですし、師に導かれるこの円環と考えてもいいと思います。どなたか尊敬する師から戒を受けて、仏道に踏み入れてみませんか。

　ここまで仏教を巡る長い旅でしたが、私は彼女の問題に直接的には答えませんでした。それはきっと、ここで私が言葉でひねり出すものではなくて、新たな旅の途中で天の声として降りてくるものだと思ったからです。いかがでしょうか。

大竹　この機会に善財童子求道の旅に関する書物や文献を読んでみました。

「方便命バラモン」「満足王」「遊女ヴァスミトラー」は、やはりショックでした。特に「満足王」は、桀紂（古代中国の夏の桀王と殷の紂王）のような暴虐ぶりで、彼のどこに師匠としての価値があるのか誰でも疑ってしまうでしょう。

興味があるのは、師たちはみな、ある一つの法門を成就したに過ぎないと善財童子に言うところです。一つだけで二つ以上がないのが、何やらゆかしく感じました。

また、善財童子は最後に二人の童子と童女、シュリーサンバヴァ（徳生童子）とシュリーマティ（徳有童女）に会いますね。彼らが会得したのが「幻住」ですが、これが最後の最後に登場することも、とても興味深いです。善財童子は五十三人の師匠たちによって導かれていきます。この導きによって師たちが円環を成すのですが、この円環には、順序があるのですか。彼ら師たちは、「月のごとし、能く清涼なる教法の光明をもって衆の熱悩を除く」と書かれていますが、どうやらどこから始めても、どんな順序でも可能な円環ではなさそうです。シュリーサンバヴァとシュリーマティが旅を締めくくるところにも、何か意味があるのではないかと感じました。

私にはこれまで導き手がいないまま、和尚さまのところに到達しました。ここに至って今、「自死した教え子も師匠だった」ような気がしています。善財童子と違うのは、性分なのか仕事柄なのか、「疑う」という癖がついてしまっていたことです。それによってウロウロしてしまったのですが、そんな紆余曲折があってここに到達したことは、なんと言いますか、清々しくも感じています。

玄侑　円環と言うと閉じてしまいますから、適切な表現だったのかどうかはわかりませんが、ともあれ「清々しい」と感じたとすれば悪くないですね。

人はさまざまな出逢いを、まずは偶然と受け止めます。しかしその出逢いによって深い邂逅が叶えば、これは自分にとって必然だったと受け止めるようになります。なぜならそう認める自分には、すでに邂逅によって学んだことが抜きがたく折り込まれているからです。ここでの出逢いの順番も、結果としては「これしかあり得ない」ものとして思い返されるはずです。「方便」というのはその時その場では唯一無二の選択なのです。

大竹さんの「疑う性分」とは、おそらく邂逅が叶うまえに必然性を探す性分ではないでしょうか。当然ながら、その結果は否定的なものになるでしょうね。しかし今回「清々しさ」を感じたというのは、「もしかすると必然だったのかもしれない」と、少しだけ頭を過ったのではないですか。

もしも縁起の全体が見える覚者がいるとすれば、その人にはあらゆる出来事が必然として見えるはずです。しかし残念ながら我々にはそうは見えません。その場合、昔の日本人の多くは「もしかすると必然かもしれない」と考えていますから、偶然と見える出来事にも受け容れる門を開いておきました。たとえば「犬も歩けば棒に当たる」という諺がありますが、これはそういう意味です。最近この諺をあまり耳にしなくなったのは、「棒」の意味がわからない、ということもありますが、何よりシミュレーション、つまり必然と思える結果ばかりを重視する世の中になったせいではないでしょうか。

「棒」も「藪から棒」と言われれば困った存在ですが、犬が出歩いて出逢う棒は、「相棒」のことです。もともとは駕籠かきの二人組を「棒組み」とか「相棒」と言いましたが、これは体格も気持ちも合わないとうまく担げません。犬だって出歩いていればそんな相棒、無二の親友にも出逢えるのだから、出歩こうというのがこの諺の主旨なのです。

ハッピーになるためにはハプニングが必要だと、この言葉じたいが語っているでしょう。Happy と Happen には同じ語幹が使われています。

善財童子の旅の場合、アテもなく出歩くわけではありませんが、「必然かもしれない」という考え方は一緒ですよね。いや、もっと進んで、「きっと必然だ」と思っているのでしょう。「縁起」を踏まえ、「なにひとつ偶然はない」と、本当は思うべきなのかもしれません。

奇しくも大竹さんは、「自死した教え子も師匠だったような気がする」とおっしゃいましたが、それは大竹さんにとって「必然の自覚」、つまり今の自分にとって欠かせない何かを学んだ、あるいは学んでいるという表明ではないでしょうか。それは清々しいはずですよ。
童子が辿り着いた二人が会得したという「幻住」は、万物は仮の現れに過ぎないと深く理解することです。つまり縁起の全体は決して理解されず、我々が見聞するのは「幻」に過ぎないと体得することです。原因が全てわかることはない。起こった現象でさえ、一部の情報でしかない。そのうえ感覚器や脳機能にも制約されたものしか我々は認識できないわけですし、すでに唯識で学んだように、現行は阿頼耶識や末那識によっても「能変」されています。

また「色即是空」の認識に達しているので、すべての「色」は「幻」だと達観している、とも云えますね。しかも菩薩は、「幻」と承知のうえでその「色」に対処するわけです。

そしてこれはどういう偶然なのか、私も今、驚いているのですが、じつは私の住職するこのお寺は元々「幻住派」と呼ばれた流れなのですよ。中国の天目山という山に高峰原妙、中峰明本という二人の師弟の禅師がいて、そこで長年学んだ復庵宗己禅師が開山されました。天目山にあった「幻住庵」を踏まえての呼び名ですが、松尾芭蕉も一時「幻住庵」に住みましたね。『奥の細道』には「妙禅師」と書いてありますが、これは高峰原妙禅師のことですから、芭蕉の師匠である仏頂禅師も幻住派だったのでしょうね。

余計なことまで申しましたが、善財童子が「幻住」を体得したシュリーサンバヴァとシュリーマティに辿り着いたように、大竹さんがこの幻住派のお寺に来られた。いろんな偶然が重なって、と思われているでしょうが、これはもう、必然としか思えませんね。

縁起による必然がすべて見えるのは覚者だけ。我々凡夫は、せめて偶然と見えることも受け容れることで、結果としては縁起に従うことになる。そういうことではないでしょうか。

最終章

むすんでひらいて
無限の可能性を信じて生きる

自殺で大切な人を失った人を慰撫する「次の生」

玄侑　大竹さんのおかげで私も珍しい「仏界探訪」ができて感謝しているのですが、どうしても対話の中心、というか、ドーナツの穴のような位置に「彼女」を感じますね。

この四年間に、コロナ禍は一定の収束を迎え、二〇二三年五月より新型コロナウイルス感染症の分類は「五類感染症」に移行し、個人の判断で日常生活や治療の選択ができるようになりました。とはいえ、コロナ禍においての死者はあまりにも孤独な最期でした。また一方で、ウクライナとロシアに加え、イスラエルとパレスチナの戦争も始まってしまいました。戦争による死者は増えつづけていますし、何より子どもたちが大勢亡くなっています。

それぞれの死の凄惨で悲痛な現場を想い、彼らを深く悼む気持ちはもちろん我々にもあるわけですが、どうしても我々自身の人生への影響を考えると、身近な人の死、それも自殺による死は圧倒的な力を持っているようですね。長く、強く、我々の人生に影響を及ぼすように思えます。

じつはつい先日も、十七歳の高校生が自殺して、葬儀を頼まれました。その家じたいは檀家さんじゃなかったのですが、死んだ男の子の母親の実家が檀家さんで、よく知っている母方のお祖父ちゃんが泣きながら電話をくれたので引き受けたのです。

以前に竜巻の話をしたかと思いますが、とにかく今回のケースでも合理的な原因はほとんど見当たりません。車のメカが大好きで希望する工業高校に進み、成績も優秀で将来はエンジニアを志望していました。機械部というクラブの部長として、この秋には高校生による「ロボット相撲大会」の東北大会にも出場しました。亡くなる前日には溶接の研修会にも参加しているんです。親しい友達も何人かいたようで、前日にも中学時代から同級で同じ高校に進んだ友達からラインでその日の課題について質問され、普通に答えています。ただこれは、その友達の話でわかったことで、彼のスマホそのものはパスワードがわからないため開けられません。他の友達などとの詳細なやりとりも謎のままです。

お通夜の日に母親から聞いた話では、「なにか抱えているようだ」とは思っていたそうですが、「何も話してくれなかったので詳細はわからない」とのことでした。

職人である父親は朝五時半に起きるのですが、息子も通学に時間がかかるため、毎朝五時五十分に父親が起こしていたそうです。その日も起こそうと思って部屋の前に立つと、珍しく明かりが点いていたのが隙間から見えて、不思議に思いつつ襖(ふすま)を引くと、途中までしか開けられず、すぐにぶらさがった体に襖がぶつかっていることを知ります。

家族とすれば、それはあまりにも謎だらけの死でした。おそらく大竹さんのように、両親も弟も、ずうっとその死を抱えて生きていくのでしょう。両親や弟の人生は、彼の死で大きく変わらざるを得ません。

不思議なことですが、自死する人たちは決して死に向かって直線的に思い詰めるわけではありません。むしろ、死ぬならこんな予定は入れないだろうと思える予定を入れたりします。『リーラ』では歯医者の予約でしたが、この彼の場合も亡くなった三日後くらいに鼻の下のホクロを取る手術の予約をしていました。首を縊った犬用のリードは前もって買っていたようですから、時に自死を思い浮かべていたのは確かだと思います。しかし一方で、まるで別人格のように日常的な思考も保っているのです。

私は戒名に「風林」の文字を使いました。「疾きこと風の如く、（構えの）徐かなること林の如し」と武田信玄が掲げたとおり、葉を散らして風を見せない林を、疾風や竜巻が通り過ぎていったイメージです。儀式には学生たちも大勢焼香に来て、本当にせつないお通夜・お葬式でした。柩の蓋には「不雨（雨ふらずして）花猶落（花猶落ち）、無風（風無くして）絮自飛（絮おのずから飛ぶ）」と書きました。絮というのは綿毛ですね。

本人はわかりませんが、少なくとも両親や周囲の人たちは、今頃は本人も後悔しているだろうと思いたい。そう思って私は、引導香語に次のような言葉を入れました。「戻りたくとも戻られず、往きたからずとも往くより他なし。汝しばらくは先に往きて次の生を待ち、このたびの体験を糧に心の安寧を習得すべし。今日山僧せめて一句を捧げ、汝の孤独なる道中を荘厳せん」。そして最後に一首詠んだのですが、それはこんな歌でした。

夢醒めてまた微睡めば夢の中　いくつ醒めれば現に還る　喝

長々とまた失礼しました。何が申し上げたいかと言いますと、こんなとき我々には「次の生」が必要なのだと切実に思う、ということです。まずは慰撫として欲しいのです。そしてその後は、どんな物語であれ、やがて死んだ息子は死んだままで愛していくしかない、いや、死んだまま愛していけばいいんだと、思えるようになるのでしょう。しかしそこに至るには相当時間もかかりますね。

今、十五歳から三十九歳までの死因の第一位は自殺です（十歳から十四歳の一位は小児がん。二位が自殺）。むろん戦争も感染症も大きすぎるほど大きな問題ですが、こんなせつない体験をしている家族が今の日本には無数にある。また今日も大勢の若者が、竜巻に吹き飛ばされようとしている。これほど重い事実はないのではないでしょうか。

大竹　ああ……、そうでしたか……。若者がまた一人、自殺したのですね。「仏界探訪」にお連れいただいているこの四年間に、当初は思いもしなかった結末とテーマへと導かれているように感じています。私が抱えていた思いはただ一つ、自殺した教え子への後悔でした。あれ以来、若者の悲報に出くわすたびに、どうにも涙が溢れてしまいます。

どのような人たちであれ、自殺はショッキングなものでしょう。しかし、心身を悶(もだ)えさせるほどのショックは、やはり若者たちの自殺なのではないでしょうか。

二〇二〇年には、減少しつづけていた自殺者数が十一年ぶりに増加に転じました。コロナ禍の影響と推測されています。特に顕著なのが、女性の自殺と若者の自殺です。二〇二〇年に自殺した小中高校生は、二〇一九年より百四十人も増加し、四百七十九人となりました。二〇二二年には、過去最多の五百十四人の小中高生が自死を選んでいます。

和尚さまのおっしゃるとおり、私のケースでも「謎だらけ」でした。だからこそ今もなお、「なぜ?」が点灯しつづけています。答えが出ないことがわかっていてもなお、どうしようもないことがわかっていても、この灯が消えることはなさそうです。

「次の生」という物語、私自身も「彼女」に対して切に願っているものでした。

この機会に、自分の心の姿勢を反省してみました。どうやら私は今まで、彼女の死という結末に抗っていたように思いました。いわば、それで物語が終わってしまうことを許せなかったようです。しかも厄介なことに、それが幻であって欲しくないという希望も持っていたようです。しかし、この探訪を通して、この解き難い結び目が和らいできたように感じています。

脳内にも侵入する覇権主義の時代にこそ「華厳」の思想

玄侑　結び目が和らぐ、というのは嬉しい表現ですね。

じつはこの対話が始まってからウクライナへのロシアの侵略が始まり、私はその時点で対話の方向を「華厳」に向けようと思いました。というのは、覇権思想が強まった時代にこそ「華厳」の思想が有効だという鈴木大拙翁の指摘に、私も深く同感しているからです。

『東洋的な見方』（一九六三年）のなかで、大拙翁は次のように言っています。

「今日の世界が、どうしてこうなったかというに、それは力というものを重んじすぎたからである。第一、第二の世界戦争のもとは力の争いである。自分の力で他を圧しようとするからである。自分さえ勝手ができれば、他はかまわぬと考えるのは昔からあるが、近代では、それが集団になった。自国他国とむやみに区別をつける。近ごろは主義の上に区別をつけ、それを暴力で実行せんとする」（岩波文庫／角川ソフィア文庫）

そして第二次世界大戦中の日本社会に向けて、大拙翁は『浄土系思想論』（一九四二年）と『禅の思想』（一九四三年）を著して問いかけ、さらには名著『日本的霊性』（一九四四年）を刊行します。驚くべきなのは、これらの著作がみな戦時中の、古稀を過ぎてからの著作なのです。そして大拙翁は、『日本的霊性』の最終章で触れた「華厳」について、終戦直後（一九四六年四月）に昭和天皇皇后ご夫妻にご進講します。その後も『華厳の研究』が一九五五年に刊行されるまで、晩年の勢力を「華厳」思想の研究に傾けていくのです。

簡単に言えば、「多即一」が実現している華厳の法界こそ、覇権主義への解毒剤、特効薬だと考えたのだと思います。序列のない「普通の花」、「雑華」という見方を世界中に理解してほしかったのだと思います。ですから私もロシアの覇権主義をなんとか溶かすために、「華厳」の考え方を紹介したいと思ったのでした。

ところがその後、コロナは終息しないし、ウクライナでの戦争もむしろ激しさを増し、さらにはイスラエルとパレスチナでも戦争が再開されました。そして同時に、国内では若い世代の自殺がじわじわ増えている。私はどれも重大な問題だと思いながらも、これらに共通する問題点をいつしか考えていました。そして思い至ったのは、**人間の精神の内部における覇権主義**でした。

外部的には、自然への人間の覇権主義的な振る舞いが、自然を回復不能なまでに傷めつけて感染症によるパンデミックを引き起こしました。ノーベル化学賞を受賞したドイツのパウル・クルッツェンは、人間の活動が地球を掩い尽くし、そのままでは自然が回復不能になる時代を「**人新世**（ひとしんせい）」と呼びましたが、CO_2の問題も含め、間違いなく我々人類は自然への覇権的な振る舞いによって新時代に入ったのです。

またロシアによるウクライナ攻撃は、まさに大拙翁が指摘した旧態依然の覇権主義と云えるでしょう。それなら自殺はどうかと言いますと、これも私には論理や推論による脳内での覇権主義ではないかと思えたのです。

コンピューターを使いはじめた我々は、シミュレーションと呼ばれる推論を普通にしています。これはアランの言う「想像」に近いもので、happening を排除した勝手な想定にすぎません。またネット社会には商用独特のアルゴリズムも溢れていますから、PCやスマホを開くだけで相手（ネット上の店など）によって拡大把握された自分と向き合うことになります。つまり自分は「こういう商品が好きな消費者」、「こういう情報を求めている人」なのです。自分が見たい情報だけに囲まれ、反対意見が見えなくなる状態を「**フィルターバブル**」とか「**情報の偏食**」などと言うようですが、アメリカやブラジルでの議会乱入などはそういう状態が引き起こした典型的な事件です。もはやネット上で「履歴」なしの白紙の私と出逢い、公正な情報を得ることは不可能です。場合によっては逆に自分の得たくない情報ばかり集中的に浴びるような事態も発生します。

そんな社会で過ごしていると、現状認識からすぐさま安易な未来想定をしてしまいます。どちらかと言えば、今後も大差なく現状の延長で推移すると、たいした根拠もなく思い込むわけです。以前にも申しましたように、**偶然に期待する気分がない**のですね。

自殺は幾つもの原因が竜巻のように合流する、と考えているのは事実ですが、これはある意味で死者の尊厳のための物語でもあります。実際のところ、自死する人の根底には、鬱的な思いがあります。つまり、現状の悪い要素は更に深まっていき、突発的な慶事は起こるはずもない。なぜかそんなふうに思い込んでいるわけです。

これは限られた情報や能力による思い込みの覇権主義ではないでしょうか。いわば大脳皮質、もっと言えば左脳による思い込みが、我々の全身に対して今のロシアのように覇権的に振る舞うわけです。それがたぶん自殺なんです。

だとすれば、こうした精神の覇権主義にも「華厳」の思想は有効ではないでしょうか。「華厳」が難しければ、「空」の思想でもいいと思います。つまり、自分の思い込みが限られた情報と思考による仮和合にすぎず、それは「幻」のようなものだという見方です。時が移り、状況が変われば全く違った姿を見せると思えれば、そのまま死んでしまうなんて、馬鹿げたことに思えるはずです。いつかきっと、あんな辛い日々もあったと、笑って思い返せる日が来ると思えれば、死ぬ必要はどこにもないでしょう。ところがそうは思えない。「色即是空」の現在の「色」にあくまでもこだわるのです。

大拙翁はこんな言葉も残しています。

「人間は外側の敵を克服しつつ、自分の領域を拡げて行くと思って居るが、豈に図らんや、克服されるべきは、外になくして内に居るのである」（『東洋の心』春秋社）

これはもちろん最終的には個人の問題ですが、極めて強く、社会の影響を受けているのだと思いますよ。最近岸田政権は閣議決定で軍備増強を決め、その後に文科省がにわかに理工農系の学部を増やすと発表しました。今後十年かけて、文系学部の多い私立大を理系に学部再編するというのですが、これはますます左脳の覇権主義を強める道です。大脳皮質によるナチズムとも言えるような、論理や推論を絶対化する社会が更に苦しむ若者を増やすことでしょう。

そう考えると、コロナ禍も戦争も自殺も、じつはすべて覇権主義の産物として理解できます。戦争は旧来の覇権主義、コロナは自然への人類の科学技術による覇権主義、そして自殺は左脳の思い込みによる生命への覇権主義です。

この覇権主義を解毒できるのは、やはり**「空」や「華厳」の思想、**つまり**どんな事象も無**

常で無限なる関係性における仮の現れにすぎないという認識であり、多種多様の在り方が根源的な「一」という体験的実感に収斂するという考え方です。もっとざっくり言えば、思い込んだ固い結び目のような考えは、ほどくに限る、ほどくしかない、ということなのです。大竹さんの「結び目が和らぐ」という表現を喜んだのは、そういうわけなのです。

「結ぶ」ことで渾沌から産まれる「思い」「ほどく」ことで渾沌に還る「迷い」

玄侑　じつは仏教は、どんな考え方であれ、絶対化することを嫌います。お釈迦さまは亡くなる前に、「自らが経験的に会得した『法』以外、よりどころにしてはいけない」と言い残しましたが、そんなお釈迦さまに対してさえ、禅は「釈迦に逢っては釈迦を殺せ」と言います。これはつまり、お釈迦さまといえども絶対化するなという教えです。

人がなにかを学んで思いをまとめることは、「結ぶ」と表現できるかと思います。脳内シナプスの接合を思い浮かべるかもしれませんが、神道の神さまも「結ぶ」ものです。結ぶことで渾沌のなかに姿を現し、現実的な力を発揮します。しかし人はその大元の渾沌をすぐに忘れ、結んだ思いを必ず強める方向に感覚器を駆使します。思い込みに適う情報を探すわけですから、思い込みは必ず強まり、結びもきつくなるのです。そして結局、思い込みの覇権主義に突き進むことになるのだと思います。

覇権主義とは通常、国家について使われる言葉です。自国の影響力を拡大するため、軍事や経済、政治などあらゆる手段で弱小な国に介入しつづけることです。しかし第二次世界大戦の頃と違い、今は国家間だけでなく、一つの国の内部にも「格差拡大」によるさまざまな覇権が生まれています。大拙翁の言う「力で他を圧しよう」という考え方は、むしろ人々の間で強まっているのではないでしょうか。また自然とのつきあい方を忘れた個人の脳内にも、左脳による覇権主義が生まれてきています。これがいわば自殺の前提になる「合理的推論の絶対化」です。いずれにせよ現代人は、幾層もの覇権主義のなかで生きていて、私はそれを克服というか、無化する力を仏教の「空」や「華厳」の思想に期待するのです。

スパコン「富岳」は、コロナウイルスの飛沫の拡散予測では大活躍しましたが、人生は閉じた部屋ではありませんから、誰にも正確に予測することはできません。「だいたい予測がついた」と思い込んで人生を閉じようとする若者に、私は「待ってくれ」と言いたい。

もっと言えば、少子化問題だって、この「合理的推論の絶対化」のせいじゃないですか。一生の収入を予測し、子育てにかかる経費を類推した結果、育て得る子どもの数がどんどん減っているということでしょう。むろん根底には格差の拡大や非正規職の増大があるにしても、です。

仏教、とりわけ禅は、「今」に生きよと言うのですが、現状の我々は、増大する過去のデータと膨張する未来予測に挟まれて、「今」を見失っているのではないでしょうか。

大竹 「大脳皮質によるナチズム」とはまた絶妙な言い回しですね。合理的推論の絶対化によって、私たちの脳は支配されてしまっているようです。その結果、私たちは本分を忘れて、未知は未知であることすら見落としているように感じます。果たして、謙虚さの欠片すらなくしてしまうという悪循環。

昨今は、自殺を決意した人が、その前に人を殺してしまう事件が発生しています。「もう自分は死ぬんだ。だったら他人も巻き込んで殺してから死ぬ」という考えなのでしょうが、「自殺」と「殺人」は、根本的に違うように感じます。命そのものには変わりないかもしれませんが、しかし「奪う」という行為には違いがあるはずです。もしかしたら、ここにも「覇権主義」の呪縛があるように思います。思い描いた通りに進まないことに耐えられない傲慢さが隠れているようです。

玄侑 「覇権主義」も勿論(もちろん)あるでしょうが、自殺を決意した人による無差別殺人は、むしろ

「保険」の発想を思わせますね。いくら決意したといっても、おそらく自殺を考えた人はその直前まで深い迷いのなかにいます。竜巻の直前まで風で揺らいでいると言っていいと思います。ところが無差別殺人を犯してしまえば、間違いなく死刑でしょうから、自殺を迷う必要はなくなりますよね。いずれにせよ死ぬことになる。むろん社会への怨みのような感情はあるでしょうが、やはり初めにあるのは自殺への衝動だと思います。自殺しようかと思って迷った挙げ句、殺人を犯すことが自死を確実にするための「保険」だと気づく。アメリカでは特にこのパターンの拳銃乱射が多くなっているようですが、これも確かに歪んだ合理性による「覇権主義」かもしれないですね。

大竹　「間違いなく」のための「保険」。これが「合理的推論の絶対化」の末路ならば、もうじっとしていられません。序列のなかの花としてではなく、雑華として生きる姿を、子どもたちに見せていきたいものです。そうして覇権主義の克服ができたら、なんと未来はワンダフルでしょう。「今に生きる」というメッセージは、これまでも度々目にしました。確かに、「合理的推論の絶対化」から脱け出す手がかりが「今」にありそうです。しかし、昨今そこかしこで耳にする「今ここ」にも、「今ここ」も絶対化しているような気配がするのですが、気のせいでしょうか。

玄侑　おっしゃるように、流動しつづける「今ここ」も、すぐに概念化してしまうのが人間だと思いますよ。流動している以上、それは自分も流れながら「感じる」べきもので、「考える」対象ではありません。しかし人は、川の水をスプーンで掬うようにして、すぐに観察や思考の対象にしてしまいます。当然、流動は止まりますし、そこにはもう「今ここ」はありません。しかしこれは、ある意味で無理もないことですよね。言葉とはそうして掬ったり結んだりする道具ですし、大脳皮質を持ってしまった以上、そうして「結ぶ」能力こそ知性だと思ってしまっていませんか。井筒俊彦氏は『意味の深みへ』（岩波文庫）のなかで、「言語アラヤ識」という表現を使っていますが、最深層の無意識のなかでも言語の分節機能はしぶとく生き残っているということです。

幼い赤ちゃんは、母親が女性であることも太っていることも髪が長いことも色白であることも認識していませんが、「この人が母親だ」とすぐにわかります。何も結ばず、ほどけたままでわかるわけです。これは「直観」と呼ぶ必要もないくらい、自明のことです。しかしやがて成長するに従って言葉を覚え、世界を詳しく知っていくように見えますが、これはじつはアプローチの仕方を変えさせられたのだと思います。人間が人間社会で生きていくためには、弊害は多いけれども言語の「結ぶ」機能がどうしても必要になるからです。しかし人は、原初のほどけたエネルギッシュな状態、つまり「渾沌」をどこかで覚えているのでしょう。そこへ繋がる回路を、もう一つの知性として蘇らせたのが東洋の宗教ではないでしょうか。いわゆる「瞑想」や「坐禅」、あるいはチャンティング（読経）というのもそのための技術だと思います。少なくともそれがうまく行なわれていれば、我々は「今ここ」に居つづけることができます。

むすんでひらいて……
繰り返し向き合うことで、生は紡がれる

玄侑　なんだかやたら難しい話にしてしまった気もしますが、もっと皆さんに馴染みのある歌でご説明したいと思います。それは『むすんでひらいて』ですが、日本人なら誰でも知っている歌ですし、お遊戯の身振りだってすぐできるのではないでしょうか。

この歌は、終戦後、大拙翁が「華厳」思想を天皇皇后両陛下にご進講された翌年、つまり一九四七年の五月に、『一ねんせいのおんがく』に掲載された文部省唱歌です。音楽を小学校の科目として教えたのはこれが初めてだったわけですが、私はこの歌に、戦後の心の復興を願う気持ちをとても強く感じるのです。

もともとこの曲は、ジャン＝ジャック・ルソーの作曲と言われていて、ルソーが夢のなかで閃いたとされることから『ルソーの夢』とも呼ばれました。そして大雑把に言えば、明治初期から中期にかけて、すでに『見わたせば』という題名の小学唱歌として歌われ、明治三十年代後半からは幼児教育の現場で、『むすんでひらいて』という遊戯唱歌として用いられていました。

ところが時代が下るとまた別な歌詞で軍歌や戦闘歌にもなり、戦意高揚に使われます。一方でイギリスやアメリカから流入した讃美歌でも『グリーンヴィル』と名付けられ、さまざまな歌詞で歌われたのです。なかにはこのメロディーの子守歌もありました。

しかし戦争に向かう時代には讃美歌が歌われなくなり、戦争が終わると軍歌も止みます。そんな曲折を経て、またもう一度、文部省唱歌として復活したのが『むすんでひらいて』だったわけです。

ただ不思議なことですが、この歌の作詞者がわからないのです。昭和二十三年の教科書にも「作者・不明、作曲・外国民謡」となっており、その後の検定教科書でも、ルソー作曲と書いてあるのは半数くらいのようです。作曲者がルソーかどうかについては、ここではこれ以上申しませんが、興味のある方は『むすんでひらいて考』（海老沢敏著、岩波書店）などをご参照ください。、私がここで取り上げたいのは、曲ではなくむしろ歌詞のほうなのです。

私には、じつに企み（たくら）の深い歌に思えます。

「結んで開いて、手を拍（う）って、結んで、また開いて、手を拍って、その手を上に」

幼な子の遊戯指導書などには、まず旋律を歌い、歌詞を歌うことで記憶させ、その曲を幼な子自身の声で再現させながら、それを体でも表させる、とあります。更には歩行しながら同じ動きをするわけですが、これは幼な子にとって初源的な遊びの形態だといいます。最後の「上に」の部分は「下に」「横に」などと続くのが普通ですが、指導者と反対を指すように仕向けるのも面白いですし、「鼻へ」や「窓へ」などの応用も楽しいものです。実際そのような幼児教育の現場での効用も大きいわけですが、じつはこの歌、もっと違った意味も込められているのではないでしょうか。

そして誰かが作詞したのは間違いないはずですが、なにゆえ「作者不詳」なのでしょう。ここからは私の勝手な考えとして聞いていただいたほうがいいかと思いますが、私にはこの歌、日本人であることを呼び醒（さ）ます歌であるように思えるのです。

第二次世界大戦の敗戦のショックは、今では想像もつかないくらい大きいものだったと思います。日本語廃止論まであって、完全に英語教育を押しつけられる可能性だってあった時代です。民俗学者で国文学者でもある折口信夫は、このとき「日本文化の永遠の敗北」を危惧したといいますが、鈴木大拙翁が『日本的霊性』を書いたのも、そうした切迫した危機感のなかでした。昭和天皇皇后ご夫妻に「華厳」についてご進講したのも戦後の立て直しのためだったわけです。そして私は、この「むすんでひらいて」にもそれに似た日本復興のための深謀遠慮を感じるのです。

結んで開く、と始まりますが、これは本来、神と仏です。神はカミムスビの神やタカミムスビの神を持ちだすまでもなく「結ぶ」ものです。現れることじたいを「結ぶ」と言うわけです。どうすれば現れるのかというと、手を拍つんですね。『魏志倭人伝』には貴人どうしが手を拍ち合う当時の日本人の挨拶が記録されていますが、今は神さまだけが手を拍つ音で「おとずれ」ます。しかし言葉のない神さまの世界と違って、人間はさまざまな思いを言葉で結びます。それによって成長もするわけですが、結びすぎて苦しくなるのが人間の常ではないでしょうか。結ぶとは、いわば自然に対する「意識」のはたらきですね。「ロゴス」（ギリシア語で、時間軸に随い、並べ替えて整理する知性作用）と言ってもいいですが、それによって人は努力もするし無理もします。自縄自縛になるほど言葉で自分を追い詰めることもあります。

しかしそんなときのために、今度は「ほどける」仏の登場になります。仏とは、解脱した存在ですから、まさにそうした自縄自縛から「ほどけた」わけです。そして我々にも「ほどけよ」と促します。これは瞑想智、いわば直観の世界ですが、幼な子がもともと居た世界でもあります。先ほどの「ロゴス」に対しては、古代ギリシャの「レンマ」(全体を一瞬に把握する直観的知性)と言うことも可能だと思います。瞑想時における脳波はα波やθ波ですが、これはつまり子ども時代の脳波に戻るということなんです。いわゆる分析知と瞑想智、この二つの世界は両方とも必要なのですが、それを手を拍って切り替えるよう促していきます。ですからここで「手を拍つ」行為は、神や言葉を「結ぶ」ためにも用いられますが、二つの知性の切り替えも促している。もう一度歌詞を書いてみますね。

「結んで開いて、手を拍って、結んで、また開いて、手を拍って、その手を上に」

実際、最後の「手を上に」運ぶとき、あるいはそれが「下へ」でも「窓へ」でも、子どもたちは夢中になって動いてくれます。いわば全ては「空」や「幻」なわけですが、とりあえず目前の「色」に没頭する。大袈裟にいえば、人生ってそういうもんじゃないかって、この歌は告げているんじゃないでしょうか。

私はこの歌を憶いだすと、さまざまな人生上の問題って、じつは解決できるものじゃなくて、何度も結んだり開いたりしながら向き合っていくものだと思えてくるんですよ。そうしているうちに、いつしか状況は変わってきます。

今の若い人たちは、何にでも「一つの正解」があると思っているように見えて仕方ないんですが、人生は後戻りできない以上、結んだり開いたりしながら、悩みながら、自分の歩む道を「正解の一つ」にしていくしかないんじゃないでしょうか。

自殺を考える若者たちは、結んだ「思い込み」を開くことができず、どんどん自縄自縛になっていきます。しかも思い込んだ「正解」から乖離していく自分が許せない、というより、「取り返しがつかない」という感じに近いのだと思います。むろんそこには他責的な気分も支配的で、こうなってしまったのは「社会のせい」という気分もあるのでしょうね。社会との接触面にいる人々を巻き込んだ無差別殺人が起こる所以だと思います。実際、怨まれても仕方ない社会の在り方だという思いは、私にもありますよ。自殺や無差別殺人はむろん決して肯定できませんが。

若い人たちもきっと『むすんでひらいて』は知っている歌でしょうから、まさかお遊戯までは勧めませんが、その意図を酌み取ってほしいんです。そしてきつく結んだ思いを開いてほしい。誰かに手を拍ってもらいたい。何度でも開けるし、取り返しもつくし、答えは決まってないと、知って欲しいんです。

この歌詞は明治時代に作られたようですが、私は作者不詳になってしまったのも、じつは「神仏分離令」の影響ではないか、身の危険を避けるため匿名にしたんじゃないかと推測しているんですが、もはやそれは大した問題ではないですね。

大竹　懐かしいです。ちょうど今、娘たちは『むすんでひらいて』をお遊戯で振りに合わせて歌っています。英語の童謡、「Head, Shoulders, Knees, And Toes」も覚えているようですね。これまで、「むすんでひらいて」は、「Head, Shoulders, Knees, And Toes」のように自分の体の仕組みを知るための、体操的な歌だと思い込んでいました。あらためてこの歌に隠された意味に目が覚める思いです。私こそ考え過ぎてしまったのかもしれませんが、作者不詳というこのまとまりにこそ、『むすんでひらいて』伝承への天の采配が認められるのでは、なんて……。

さて、今再び、足跡を辿ってみますと、和尚さまに導かれて出会ったことには、『むすんでひらいて』が流れつづけていたように感じています。

「いろは歌」にボーアの「相補性」。命を産みだす渾沌。そして覇権主義に対抗する華厳の思想。

自殺してしまった教え子の女の子も、結んで開いての波のなかに生きているように感じています。そして自分自身も、彼女が示す波のなかに生きている。
これからの時代、先立つ時代には見逃されていた考えがリバイバルするのではないでしょうか。『むすんでひらいて』はまさにその象徴になりそうですね。

玄侑　確かにボーアの相補性も、色と空も、秩序と渾沌も、『むすんでひらいて』の世界に思えてきますね。今の幼児教育では、この曲のお遊戯は四歳くらいで教えるようですが、おっしゃるように体の部位を覚えさせる要素もあるのでしょうね。ただ、この曲に付けられた英語の歌詞があって、これが面白いんです。昭和四十七年に東京音楽書院から出た『ちいさな手のためのピアノ・サイド・ブック』（渡部麗子編）にはこんな歌詞が載っています。

I'm so happy, I'm so happy, I'm so happy, happy all the time.
I'm so happy, I'm so happy, I'm so happy, happy all the day.

これも誰が考えたのか不明ですが、こうなると体の部位など関係ないですよね。ただ「ハッピー」という感情が、体の動きのなかで繰り返し沁み込んでいくような気がします。
前にも申しましたが、さまざまな happening を受け容れることで人は happy になると、幼児たちはお遊戯しながら、結んだり開いたりしながら、無意識に覚え込んでいくのではないでしょうか。

大人の場合はお遊戯というわけにもいきませんが、今見据えている仮の「目的」や「目標」に、そういう態度で向き合ってほしいですね。常に結びすぎていないか、手を拍ってほどき、一度渾沌に還るんです。きっとそこには「目的」に邪魔されて見えなくなっていた「縁起」の網の目が見えてくるはずです。すぐには無理かもしれませんが、何度も繰り返しながら「本当にそこじゃなければいけないのか」と問い直すんです。

命の本質は渾沌であることをもう一度憶いだしてほしいのです。「目的」がある種の秩序をもたらすのは確かだと思います。しかし秩序はあくまで人工的なものですし、命は安らげません。命が本当に安らぐのは人間どうしの渾沌が触れあったときではないでしょうか。

このように考えてくると、この『むすんでひらいて』も秩序と渾沌の歌に聞こえてきませんか。

「結んで開いて、手を拍って、結んで、また開いて、手を拍って、その手を……」

どこに運びましょうか？　それはもう、今気になる所でいいのですが、大事なのは必ず結びつづけないで開くこと。そして手を拍って、仮の「目的」やそこへ向かう「合理的推論」を一旦取り払うことでしょう。人間はおそらく、なんらかの「目的」を持たずには生きられない生き物です。しかしそれは命にとってはじつに窮屈で人工的な首輪とリードのようなものですから、何度でも振り払うんですね。人間の未来は「華厳」的に見れば無限の可能性が重なり合うようにして展けています。しかし目的を定めるとどうしても最短距離を目指すことになり、可能性は大幅に縮小することを理解してほしいのです。

戦後、この歌が小学校唱歌に採用されたことに、私は復興のための深謀遠慮を感じていると申しましたが、今の世界もまた、大変な自縄自縛に陥っていると思いますし、もしかすると現代社会の変動は敗戦並みの激変なのかもしれません。自殺が多いだけでなく、無差別殺人やテロ、あるいは詐欺や強盗まで横行しています。経済合理性などの「目的合理性」に取り込まれているのは間違いないでしょう。

人生はそんなふうにひたすら目的に沿って結びつづけるものではなく、結んだり開いたりを繰り返すものだと思ってほしい。結んだり開いたりすることがコミュニケーションでもあるし、何かと向き合うことだと思うのです。だから人は、死に対しても、結んだり開いたりを繰り返しながら近づいていくしかない。それはつまり、死ぬ直前でも人は笑うことができる、ということでしょう。実際そうなんです。

開けば渾沌に触れ、孤独も繋がり、やがて笑いも起こって、華厳の世界も見えてくる。そうなってほしいと、切に願います。

（註）

●「三大怨霊」（三十一頁）

三大怨霊とは、菅原道真（八四五～九〇三年）と崇徳上皇（一一一九～一一六四年）と平将門（九〇三頃～九四〇年）の怨霊とされる。

菅原道真は、今では学問の神さまとして知られ、太宰府天満宮や北野天満宮ほか各地で祀られている。平安時代に宇多天皇に仕えた官僚で、学問や詩文にすぐれ儒家としても教養が高く、人柄も温厚と伝わる。遣唐使の派遣に関わるなど進取の気性にも富み、宇多天皇の後押しもあって右大臣にまで昇進する。しかしその後多くの朝廷人の嫉妬を買い、藤原氏の策謀で失脚し、大宰権帥に左遷され失意のなかで亡くなる。彼の死後、京の都では天変地異が続いたと言われ、その恨みをなぐさめるために、天満天神として各地に祀られた。怨霊思想の代表となる。

崇徳上皇は、皇位継承の闘争に巻き込まれ、天皇・上皇の経験者でありながら院政を敷くことも自らの皇子を跡継ぎにすることもできず、「保元の乱」の敗北で讃岐に流されたという不運な皇族。深い失意のまま讃岐の地で生涯を閉じたと言われている。

平将門は、地方からの京都の朝廷への反乱の先駆けとなった「平将門の乱」の首謀者。この反乱は九四〇年に平定され、「藤原純友の乱」と合わせて「承平・天慶の乱」とも呼ばれる。「将門塚」が、今も東京・大手町に残る。

●『リーラ』(七十八頁)

二〇〇四年に発表された玄侑宗久氏の小説。副題は、「神の庭の遊戯」。

本来、「リーラ」とは、サンスクリット(梵語)で「遊戯」という意味である。この小説では、二十三歳で自殺した主人公・飛鳥をめぐり、彼女の両親、弟とその恋人、男友達、ストーカーという残された六人の人たちによって、それぞれが自責の念を持ちつつ、彼女の死との関わりを語っていく。彼女の自殺から三年、六人は共に彼女の微かな気配を感じ取り、それぞれが実際に関わり新たな展開が生まれ、さまざまな思いが交差する。

著者は「ドーナツ状に彼女を取り巻く人々の視点によって中心の空洞を書くしかない」と思い書き始めたが、書き進めていくうちに、「螺旋階段を登っていくように全体を俯瞰できる神の視点に近づいていけた」と後に語る。その際に、本来許されるべきではないストーカーであった江島の「救い」がテーマとして浮かんできたという。心から懺悔して変化した江島を描くことで、「そのものは変わらなくとも、立ち方や在り方が変わって心がまったく変わるということがある」と悟ったのだそう。「この世界は論理だけでは割り切れないものを多分に含んでいる。その論理からはみ出た部分とどうつきあうか。その答えが『リーラ』に身を任せること」だという。

『リーラ』にはサンスクリットで「波」という意味もあるのだが、もっと波に身を任せるような生き方をしたらどうか。目標に向かって脇目もふらず邁進していくような目的論や因果律に縛られていることが現代人の病なのではないか。もっと偶然の出来事や偶然の出会い、すなわち共時的連鎖や縁起というものに目を向けるべきではないか……など、著者のさまざまな意図や願いが込められ、人生への深い考察が内在する作品である。

玄侑宗久（げんゆう　そうきゅう）

1956年、福島県三春町生まれ。安積高校卒業後、慶應義塾大学中国文学科卒業。さまざまな仕事を経て、京都天龍寺専門道場に入門。2001年『文學界』掲載の「中陰の花」で第125回芥川賞を受賞。その後の小説作品に、『アブラクサスの祭』『化蝶散華』『アミターバ　無量光明』『リーラ　神の庭の遊戯』『竹林精舎』『桃太郎のユーウツ』などがあり、2014年『光の山』にて平成25年度（第64回）芸術選奨文部科学大臣賞を受賞。ほかに『禅のアンサンブル』『華厳という見方』など仏教や禅にまつわるエッセイや対談本や共著も多数。2008年より福聚寺第35世住職。東京禅センター理事、花園大学文学部仏教学科客員教授。

https://genyu-sokyu.com/

(聞き手) 大竹 稽

1970年愛知県生まれ。教育者、哲学者。1991年東京大学理科三類入学、後に退学。2007年学習院大学フランス語圏文化学科入学、後に首席で卒業。2011年東京大学大学院総合文化研究科地域文化研究専攻修士課程修了(学術修士)、フランス思想を研究。その後、同大学博士後期課程入学。退学後は、主に臨済宗建長寺派・妙心寺派の禅僧らとともに「お寺での哲学教室」や「お寺での作文教室」を開いている。著書に『自分で考える力を育てる10歳からのこども哲学　ツッコミ!日本むかし話』『哲学者に学ぶ、問題解決のための視点のカタログ』など。共著に『現代の不安を生きる　哲学者×禅僧に学ぶ先人たちの智慧』など。
https://kei-ohtake.com/

(装 画) 坪田純哉

日本画家。東京藝術大学大学院美術研究科修士課程(絵画専攻)修了。カバーの絵は、無限のつながりと関係性が刻々と変化していく様子をイメージしてデジタルベースで再構成した作品。扉の孔雀の絵は、仏教の最大の保護者であった古代インドのアショカ王が「孔雀王」と呼ばれていることを象徴している。
https://www.instagram.com/junyartsubota/

(ブックデザイン) 宮坂 淳

http://snowfall.jp/

むすんでひらいて　今、求められる仏教の智慧

二〇二四年二月一〇日　第一刷発行

著　者　玄侑宗久（聞き手／大竹 稽）
発行者　樋口尚也
発行所　株式会社 集英社
〒一〇一―八〇五〇　東京都千代田区一ツ橋二―五―一〇
電話　編集部　〇三―三二三〇―六一四一
　　　読者係　〇三―三二三〇―六〇八〇
　　　販売部　〇三―三二三〇―六三九三（書店専用）

印刷所　大日本印刷株式会社
製本所　ナショナル製本協同組合

ISBN978-4-08-781748-5　C0095